The Big Rock Guitar Chord Songbook Female

Wise Publications

London/New York/Paris/Sydney/Copenhagen/Berlin/Madrid/Tokyo

Published by:
Wise Publications
8/9 Frith Street, London, W1D 3JB, UK.

Exclusive Distributors:
Music Sales Limited
Distribution Centre, Newmarket Road, Bury St Edmunds, Suffolk, IP33 3YB, UK.
Music Sales Pty Limited
120 Rothschild Avenue, Rosebery, NSW 2018, Australia.

Order No. AM91036
ISBN 0-7119-3360-X
This book © Copyright 2005 by Wise Publications,
a division of Music Sales Limited.

Edited by David Weston.
Music arranged by Matthew Parsons.
Music processed by Paul Ewers Music Design.
Compiled by Nick Crispin.

Cover photograph courtesy of LFI.

Printed in the EU.

www.musicsales.com

All I Really Want

Words by Alanis Morissette
Music by Alanis Morissette & Glen Ballard

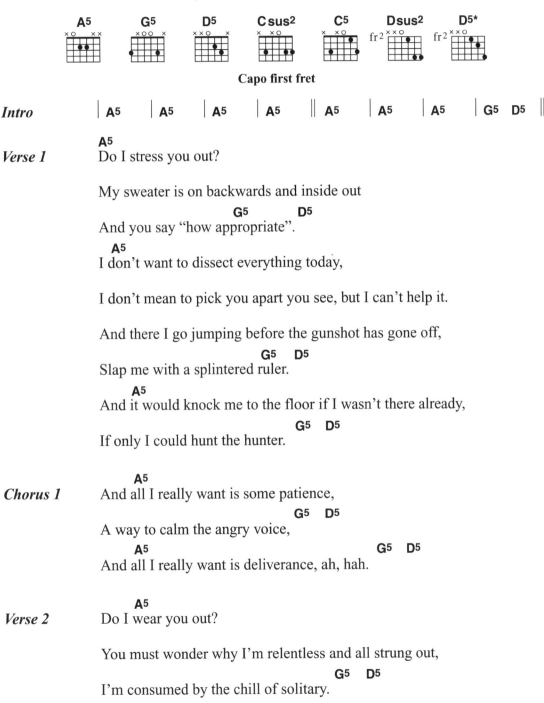

Capo first fret

Intro | A⁵ | A⁵ | A⁵ | A⁵ ‖ A⁵ | A⁵ | A⁵ | G⁵ D⁵ ‖

Verse 1
A⁵
Do I stress you out?

My sweater is on backwards and inside out
      G⁵   D⁵
And you say "how appropriate".

 A⁵
I don't want to dissect everything today,

I don't mean to pick you apart you see, but I can't help it.

And there I go jumping before the gunshot has gone off,
      G⁵ D⁵
Slap me with a splintered ruler.

  A⁵
And it would knock me to the floor if I wasn't there already,
      G⁵ D⁵
If only I could hunt the hunter.

Chorus 1
  A⁵
And all I really want is some patience,
      G⁵ D⁵
A way to calm the angry voice,
  A⁵   G⁵ D⁵
And all I really want is deliverance, ah, hah.

Verse 2
  A⁵
Do I wear you out?

You must wonder why I'm relentless and all strung out,
      G⁵ D⁵
I'm consumed by the chill of solitary.
    A⁵
I'm like Estella, I like to reel it in and then spit it out,

G5 D5
I'm frustrated by your apathy.

A5
And I am frightened by the corrupted ways of this land,

G5 D5
If only I could meet the maker.

A5
And I am fascinated by the spiritual man,

G5 D5
I am humbled by his humble nature,   yeah.

Chorus 2

A5
And what I wouldn't give to find a soulmate,

G5   D5
Someone else to catch this drift,

A5   **G5   D5**
And what I wouldn't give to meet a kindred, ah, hah.

Interlude | **A5** | **A5** | **A5** | **G5 D5** ‖

Middle

Csus2   **C5**   **Dsus2**   **D5***
Enough about me, let's talk about you for a minute.
Csus2   **C5**   **Dsus2** **D5***
Enough about you, let's talk about life for a while.
Csus2   **C5**   **Dsus2**   **D5***
The conflicts, the craziness and the sound of pretences falling
A5
All around, all around.

Verse 3

(A5)
Why are you so petrified of silence?

N.C.
Here, can you handle this?

A5
Did you think about bills, your ex, your deadlines,

Or when you think you're gonna die?

Or did you long for the next distraction?

And all I need now is intellectual intercourse,

G5   D5
A soul to dig the hole much deeper.

A5
And I have no concept of time other than it is flying,

G5 D5
If only I could kill the killer.

Chorus 3

||:   A5

And all I really want is some peace, man,

                                  G5 D5

A place to find a common ground,

     A5   G5 D5

And all I really want is a wavelength, ah, hah.

     A5

And all I really want is some comfort,

                                G5 D5

A way to get my hands untied,

     A5   G5 D5

And all I really want is some justice, ah, hah.   :||

Repeat to fade
with ad lib. vocals

Baby I Don't Care

Words & Music by Nicholas Sayer

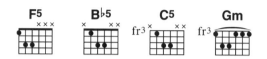

F5   Bb5   C5   Gm

Intro   ‖: F5 Bb5 | C5 Bb5 :‖ *Play 4 times*

Verse 1

                F5   Bb5
Well you can give me all your love
      C5   Bb5   F5 Bb5 C5
And anything else you got too.
Bb5   F5   Bb5
Oh but don't pay it any mind
       C5   Bb5 F5 Bb5 C5
If it seems like I'm act - ing   cool.
Bb5   F5   Bb5
Well you can dress me in your mir - ror
        C5   Bb5   F5   Bb5 C5
Give me kisses for - ever and a day, yeah.
Bb5   F5   Bb5 C5
Oh but there's just one thing,
       Bb5 F5   Bb5   C5
You don't have to say.——

Pre-chorus 1

Bb5   F5   Bb5   C5
You don't have to say   you love me,
Bb5   F5   Bb5 C5
And you don't have to say any prayers
                 F5   Bb5   C5
No you don't have to say   you love me
           Bb5 Gm
Baby it's al - right,
           Bb5   F5
'Cos honey I don't care

Chorus 1

F5 B♭5 C5   B♭5   F5   B♭5
           Oh baby I don't care

C5   B♭5   F5   B♭5
  Oh honey I don't care

C5   B♭5   F5   B♭5 C5 B♭5
  Oh honey I don't care.

Verse 2

              F5   B♭5
Well you can turn the lights down low

C5   B♭5   F5   B♭5 C5
Some things are bet - ter that way yeah.

B♭5   F5   B♭5
And you can tell me all your stories

     C5 B♭5 F5   B♭5 C5
But please spare me the plays.

Pre-chorus 2

B♭5   F5   B♭5   C5
'Cos you don't have to say   you love me

B♭5   F5   B♭5 C5
And you don't have to save any tears

B♭5   F5   B♭5   C5
No you don't have to say   you love me

         B♭5 Gm
Baby it's al - right,

        B♭5   F5
'Cos honey I don't care

Chorus 2   As Chorus 1

Link 1 | C5 | C5   B♭5 C5 B♭5 ‖

Bridge

C5   B♭5 C5 B♭5
Deep in your eyes

C5   B♭5 C5 B♭5
I see your thoughts,

C5
I know you want me,

Sometimes it hurts

But you know that some things

Are best left never said.

Instrumental   ‖: F5 B♭5 | C5 B♭5 :‖ *Play 4 times*

Pre-chorus 3

                        F5   B♭5   C5
'Cos you don't have to say   you love me,

B♭5   F5   B♭5   C5
And you don't have to say   you care

B♭5   F5   B♭5   C5
No you don't have to say   you love me

             B♭5 Gm
Baby it's al - right,

             B♭5   F5
'Cos honey I don't care.——

Link 2 | C5 | C5 | C5   ‖

C5
Oh when I tell you baby

Chorus 3

F5 B♭5 C5   B♭5   F5   B♭5
I, I don't care

C5   B♭5
  Oh baby please believe me

F5   B♭5 C5   B♭5   F5   B♭5
I, I don't care.

C5   B♭5
  Oh when I tell you baby

F5 B♭5 C5   B♭5   F5   B♭5
I, I don't care

C5   B♭5
  Oh baby please believe me

F5   B♭5 C5   B♭5   F5   B♭5
I, I don't care.

Link 3 | C5 | C5   ‖

C5

Oh baby please believe me

          F5

Don't you see that I don't care.

 F5 B♭5 C5   B♭5 F5 B♭5

Chorus 4   Oh baby I don't care

 C5   B♭5 F5

 Oh honey I don't care

B♭5   C5   B♭5 F5

You know, you know that I don't care

B♭5   C5

You know, you know,

B♭5   F5   B♭5 C5

That you don't have to say you love me

B♭5   F5   B♭5 C5

And you don't have to say you care

B♭5   F5   B♭5 C5

No you don't have to say you love me

     B♭5 F5 B♭5 C5   B♭5 F5

Baby it's al - right, oh honey it's al - right

B♭5 C5   B♭5 F5

  Oh baby I don't care.   *To fade*

9

Ball And Chain

Words & Music by Willie Mae Thornton

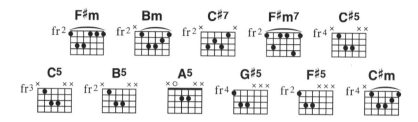

N.C (Lead guitar and drums)

Intro

| F#m | Bm | F#m | F#m |

| Bm | Bm | F#m | F#m |

| C#7 | Bm | F#m Bm | C#7 |

Verse 1

F#m
   Sittin' down by my window,
Bm   F#m   F#m7
   Honey, lookin' out at the rain.

                     Bm
Lord, Lord, Lord,   sittin' down by my window,
                F#m   F#m7
Baby, lookin' out at the rain.
C#5   C5 B5
   Somethin' came along, grabbed a hold of me,
          A5   G#5   F#m
And it felt   just like a ball and chain.
                Bm   C#5
Honey, that's exactly what it felt like,

Honey, just dragging me down.

Verse 2

             F#m   Bm
And I say, oh, whoa, whoa, now hon', tell me why,
                               F#m
Why does every single little tiny thing I hold on goes wrong ?
              F#m7
Yeah it all goes wrong, yeah.

cont.

Bm
And I say, oh, whoa, whoa, now babe, tell me why,
       F♯m   **F♯m7**
Why does every thing, every thing.
     C♯5   **C5 Bm**
Hey, here you gone today, I wanted to   love you,
                                     F♯m
Honey, I just wanted to hold you, I said, for so long,
Bm   **C♯5**
  Yeah!   Alright! Hey!

Verse 3

F♯m
  Love's got a hold on me, baby,
Bm   **F♯m**   **F♯m7**
  Feels   just like a ball and chain.
Bm
Now, love's just draggin' me down, baby, yeah,
        F♯m   **F♯m7**
Feels like a ball and chain.
C♯5
  I hope there's someone out there who could tell me
    C5 B5   **F♯5**
Why the man I love wanna leave me in so much pain.
      B5   **C♯5**
Yeah, maybe, maybe you could help me,   come on, help me!

Verse 4

        F♯m   **Bm**
And I say, oh, whoa, whoa, now hon', tell me why,
N.C   **F♯m**   **F♯m7**
Now tell me, tell me, tell me, tell me, tell me, tell me why, yeah.
        Bm
And I say, oh, whoa, whoa, whoa, when I ask you,
     F♯m
When I need to know why, c'mon tell me why, hey hey hey,
C♯m
  Here you've gone today,
       C5 Bm
I wanted to   love you and hold you
          F♯m Bm
Till the day I die.
       C♯5
I said   whoa, whoa, whoa!!

Guitar Solo | F#m | Bm | F#m | F#m |

| Bm | Bm | F#m | F#m |

| C#7 | Bm | F#m Bm | C#5 ‖

Verse 5

      F#m
And I say oh, whoa, whoa, no honey
     Bm N.C   F#m
It ain't fair, daddy it ain't fair what you do,

I see what you're doin' to me and you know it ain't fair.
      Bm
And I say oh, whoa whoa now baby
        N.O   F#m
It ain't fair, now, now, now, what you do

I said hon' it ain't fair what, hon' it ain't fair what you do.
   C#m   C5 Bm
Oh, here you gone today and all I ever wanted to do
      F#m
Was to love you
Bm   C#5
  Honey I just know there can't be nothing wrong with that,

Hon' it ain't wrong, no, no, no, no, no.

Verse 6

F#m7
  Sittin' down by my window,
     F#m
Lookin' at the rain.
Bm
Lord, Lord, Lord, sittin' down by my window,
F#m
Lookin' at the rain, see the rain.
C#m   Bm
  Somethin' came along, grabbed a hold of me,
     A5   G#5 F#5
And it felt like a ball and chain.
      Bm
Oh yes it did babe
         C#5
And I'm gonna tell you one just more time, yeah, yeah!

Verse 7

         F♯m7
And I say oh, whoa whoa, now baby

       Bm   **N.C**   **F♯m**
This can't be, no this can't be   in vain,

And I say no no no no no no no no, whoa!

       Bm
And I say   whoa, whoa, whoa, whoa, whoa

                      F♯m
Now now now now now now now now now no no not in vain

   C♯m
Hey,   hope there is someone that could tell me

      C5 **Bm**
Hon', tell me why,

N.C.
Hon', tell me why love is like

Just like a ball, just like a ball, baaaaaaalllll

Oh daddy, daddy, daddy, daddy, daddy, daddy, daddy, daddy

       F♯m7
And a chain.

Bang Bang
(My Baby Shot Me Down)

Words & Music by Sonny Bono

Em   Am   B7   Em(maj7)   Em7   D   C#m7♭5   C

Capo first fret

Intro | Em | Am | B7   ‖

Verse 1
Em
    I was five and he was six,
Em(maj7)   Em7
We rode on horses made of sticks.
D   B7
He wore black and I wore white,

He would always win the fight,

Chorus 1
       Em
Bang, bang, he shot me down,

Bang, bang, I hit the ground,
     D
Bang, bang, that awful sound,
     B7   Em | Am | B7 |
Bang, bang, my baby shot me down.

Verse 2
Em   Em(maj7)
    Seasons came and changed the time,
     Em7   C#m7♭5
When I grew up, I called him mine,
D
    He would always laugh and say
    B7
Re - member when we used to play?

Chorus 2

     Em
Bang, bang, I shot you down,

Bang, bang, you hit the ground,

     D
Bang, bang, that awful sound,

     B7   **Em** | **Am** | **B7** |
Bang, bang, I used to shoot you down.

Middle

     Em
  Music played and people sang,

D   **C**   **B7**
  Just for me the church bells rang...

Verse 3

     Em   **Em(Maj7)**
  Now he's gone, I don't know why

    Em7   **C♯m7♭5**
And till this day, some - times I cry,

D
  He didn't even say goodbye,

     B7
He didn't take the time to lie.

Chorus 3

     Em
Bang, bang, he shot me down,

Bang, bang, I hit the ground,

     D
Bang, bang, that awful sound

     B7   **Em** | **Am** | **B7** | **Em** ‖
Bang, bang, my baby shot me down.

Birthday

Words & Music by Bjork Gudmundsdottir, Margret Ornalfssdottir, Einar Orn Benediktsson,
Thor Eldon, Bragi Olafsson & Sigtryggur Balduresson

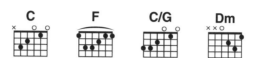

C   F   C/G   Dm

Intro

| C | | F | | C | | F | |

| C | | F | | C | | F | |

Verse 1

  C   C/G   Dm
She lives in this house over there,
  C   C/G   Dm
Has her world outside it.
 C C/G   Dm
Scrabbles in the earth with her fingers
  C   C/G   Dm
And her mouth, she's five years old.
  C   C/G   Dm
Threads worms on a string,
  C   C/G   Dm
Keeps spiders in her pocket.
  C   C/G   Dm
Collects fly-wings in a jar,
  C   C/G   Dm
Scrubs horse-flies and, and pinches them on a line.

Chorus 1

  C   F
Oh,____
  C   F
Oh,___ hee.
  C   F
Oh,____
  C   F
Oh...____

Verse 2

    C   C/G   Dm
She has one friend - he lives next door,

    C   C/G   Dm
They're listening to the weather.

    C   C/G   Dm
He knows how many freckles she's got,

    C   C/G   Dm
She scratches his   beard.

    C   C/G   Dm
She's painting huge books,

    C   C/G   Dm
And glues them together.

    C   C/G   Dm
They saw a big raven,

    C   C/G   Dm   (C)
It glided down the sky, she touched it.

Chorus 2   As Chorus 1

Instrumental | C   C/G | Dm | C   C/G | Dm ||

Verse 3

    C   C/G   Dm
Today is her birthday,

    C   C/G   Dm
They're smoking cigars.

    C   C/G   Dm
He's got a chain of flowers,

    C   C/G   Dm
And sews a bird   in her knickers.

Chorus 3   As Chorus 1

Coda | C   C/G | Dm   ‖

```
C           C/G         Dm
   They're smoking cigars,
C        C/G   Dm
   They lie in   the bathtub,
C     C/G         Dm
   A chain of    flowers.
C           C/G
Dan, dan, dan, dan, ba-dan,
Dm
Dan, dan, dan, dan, dan, ba-dan.
C           C/G
Dan, dan, dan, dan, ba-dan, dan,
Dm                          0
Dan, dan, dan, dan, ba-dan, dan.
```

Bitch

Words & Music by Shelly Peiken & Meredith Brooks

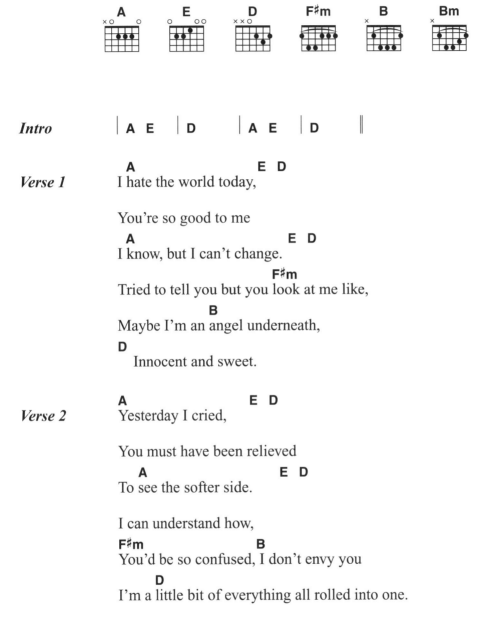

Intro | A E | D | A E | D   ‖

Verse 1
      A   **E D**
I hate the world today,

You're so good to me
     A   **E D**
I know, but I can't change.
                   F♯m
Tried to tell you but you look at me like,
            B
Maybe I'm an angel underneath,
   D
     Innocent and sweet.

Verse 2
      A   **E D**
Yesterday I cried,

You must have been relieved
      A   **E D**
To see the softer side.

I can understand how,
F♯m   **B**
You'd be so confused, I don't envy you
    D
I'm a little bit of everything all rolled into one.

Chorus 1

         A
I'm a bitch, I'm a lover

        E
I'm a child, I'm a mother

        Bm
I'm a sinner, I'm a saint,

   D
I do not feel ashamed.

          A
I'm your hell, I'm your dream

        E
I'm nothing in between

           F♯m   **D**
You know you wouldn't want it any other way.

        A   **E D**

Verse 3
So take me as I am,

                   A   **E D**
This may mean you'll have to be a stronger man.

Rest assured that when I,

F♯m   **B**
Start to make you nervous and I'm going to extremes

      D
To - morrow I will change, and today won't mean a thing.

Chorus 2   As Chorus 1

Interlude | **A** | **E** | **F♯m** | **D** |

               | **A** | **E** | **Bm** | **D**   ‖

Middle

E
    Just when you think you've got me figured out

F♯m   D
The season's already changing.

E   F♯m
    I think it's cool, you do what you do

    D
And don't try to save me.

Chorus 3   As Chorus 1

Chorus 4
            A
    I'm a bitch, I'm a tease,

            E
    I'm a goddess on my knees

                 Bm
    When you hurt, when you suffer

               D
    I'm your angel undercover.

              A
    I've been numb, I'm revived

               E
    Can't say I'm not alive

                   F♯m   D
    You know I wouldn't want it any other way.

Outro   ‖: A | E | F♯m | D |

                  | A | E | F♯m | D   :‖ *Repeat to fade*

Black Velvet

Words & Music by Christopher Ward & David Tyson

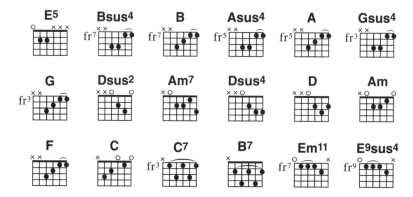

Tune guitar down a semitone

Intro   ‖: E5 | E5 | E5 | E5   :‖

E5
Verse 1   Mississippi in the middle of a dry spell.

Jimmy Rogers on the victrola up high.

Mama's dancin' with a baby on her shoulder.

The sun is settin' like molasses in the sky.
Bsus4   B   Asus4   A
The boy could sing, knew how to move,   everything.
Gsus4   G   Dsus2
Always wanting more,   he'd leave you longing for.

Am7   Dsus4   D
Chorus 1   Black velvet and that little boy's smile.
Am7   F   C
Black velvet with that slow southern style.
Am7   Dsus4   D
A new religion that'll bring ya to your knees.
C7   B7   E5
Black velvet if you please.

Verse 2

E5
Up in Memphis the music's like a heatwave.

White lightning, bound to drive you wild.

Mama's baby's in the heart of every school girl.

"Love me tender" leaves 'em cryin' in the aisle.
Bsus4   B   Asus4 A
The way he moved, it was a sin, so sweet and true.
Gsus4   G   Dsus2
Always wanting more,   he'd leave you longing for.

Chorus 2   As Chorus 1

Middle
Am   B7   E5
Every word of every song that he sang was for you.
Am   F   C   B7   Em11
In a flash he was gone, it happened so soon,   what could you do?

Solo   ‖: (Em11) | Em11 E9sus4 | Em11 | Em11 E9sus4 :‖

Chorus 3   As Chorus 1

Chorus 4
Am7   Dsus4   D
Black velvet and that little boy's smile.
Am7   F   C
Black velvet with that slow southern style.
Am7   Dsus4   D
A new religion that'll bring ya to your knees.
C7   B7   E9sus4 Em11 | Em11 E9sus4 |
Black velvet if you please.

‖: Em11 E9sus4 | E9sus4 Em11   :‖   *Repeat to fade*
                        If you please.

23

Bright Yellow Gun

Words & Music by Kristin Hersh

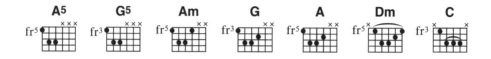

Verse 1

```
N.C         A5            G5
With your bright yellow gun,
A5                   G5
  You own the sun,
N.C  A5   G5          A5    G5
And I think I need a little poison.
Am              G
   To keep me tame,
A                 G
   Keep me awake,
        Am      G          A        G
I have nothing to offer but confusion.
          Am          G
And the circus in my head,
          Am          G
In the middle of the bed.
          Am          G
In the middle of the night,
N.C         A5            G5
With your bright silver frown.
A5                 G5
  You own the town,
N.C  Am   G          A      G    N.C
And I think I need a little poison.
Am              G
   I have no secrets,
A               G
   I have no lies,
        Am      G          Am         G
I have nothing to offer but the middle of the night.
N.C  A5        G5          A5      G5    N.C
And I think you need a little poison.
```

Instrumental 1 ‖: Dm | C | Dm | C   :‖

Verse 2

       Dm   C   Dm   C
You need one apple a week to survive,

         Dm   C   Dm   C
And you still have to ask if you're alive,

         Dm   C   Dm   C
You have nothing to offer but police my dreams.

Dm   C
   Keep me clean,

Dm   C
   Keep me awake.

        Dm   C
With your bright yellow gun

Dm   C
   You own the sun,

       Dm C   Dm C
And I think I need a little poison.

        Dm   C
With your bright silver grin,

Dm   C
   You own sin,

       Dm C   Dm C
And I think I need a little poison,

       Dm C   Dm C
And I think I need a little poison,

       Dm C   Dm C
And I think I need a little poison.

Instrumental 2 ‖: Dm | C | Dm | C   :‖

Coda

Dm   C   Dm   C
Bright yellow gun,

Dm   C   Dm   C
Bright yellow gun,

Dm   C   Dm   C
Bright yellow gun,

Dm   C   Dm   C
Bright yellow gun,

Dm   C   Dm   C
Bright yellow gun,

Dm   C   Dm   A5
Bright yellow gun.

Cannonball

Words & Music by Kim Deal

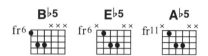

B♭5 fr6
E♭5 fr6
A♭5 fr11

Intro   N.C (Distorted vocals, bass and drums.)

‖: **B♭5 E♭5** :‖ *Play 6 times*

Verse 1

B♭5   E♭5   B♭5   E♭5
Spit - ting in a wish - ing well
B♭5   E♭5   B♭5
Blown to hell crash
N.C.
I'm the last splash.

‖: **B♭5 E♭5** :‖ *Play 5 times*
B♭5 E♭5   B♭5   E♭5
I know you little liber - tine
B♭5 E♭5   B♭5   E♭5
I know you're a real coo-coo.

‖: **B♭5 E♭5** :‖ *Play 4 times*

Chorus 1

B♭5   E♭5   A♭5
Want you coo-coo can - nonball,
B♭5   E♭5   A♭5
Want you coo-coo can - nonball,
B♭5   E♭5   A♭5   B♭5
In the shade, in the shade,
            E♭5   A♭5   B♭5
In the shade, in the shade.

‖: **B♭5 E♭5** :‖ *Play 4 times*

Verse 2

B♭5 E♭5   B♭5   E♭5
I know you little liber - tine
B♭5 E♭5   B♭5   E♭5
I know you're a cannon - ball.

cont.   ‖: B♭5 E♭5 :‖ *Play 2 times*

B♭5   E♭5   B♭5   E♭5
  I'll be your what - ever you want,

B♭5   E♭5   B♭5   N.C
  The bong in this reggae song.

Chorus 2

B♭5   E♭5   A♭5
  In the shade,

B♭5   E♭5   A♭5
  In the shade

B♭5   E♭5   A♭5   B♭5
Want you coo-coo can - nonball,

B♭5   E♭5   A♭5   B♭5
Want you coo-coo can - nonball.

Verse 3

B♭5   E♭5   B♭5   E♭5
  Spit - ting in a wish - ing well

B♭5 E♭5   B♭5
   Blown to hell, crash,

N.C.
I'm the last splash.

‖: B♭5 E♭5 :‖ *Play 2 times*

B♭5   E♭5   B♭5   E♭5
  I'll be your what - ever you want,

B♭5   E♭5   B♭5   E♭5
  The bong in this reggae song.

‖: B♭5 E♭5 :‖ *Play 4 times*

Chorus 3

B♭5   E♭5   A♭5
Want you coo-coo can - nonball,

B♭5   E♭5   A♭5
Want you coo-coo can - nonball,

B♭5   E♭5   A♭5   B♭5
  In the shade, in the shade,

B♭5   E♭5   A♭5   B♭5
  In the shade, in the shade.

Outro   ‖: B♭5 E♭5 :‖ *Play 8 times*

Clean And Neat

Words & Music by Cathy Davey

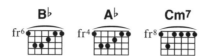

Intro
| N.C. | N.C. | N.C. | N.C. | N.C. | N.C. |

| B♭ | B♭ | B♭ | B♭ |

| A♭ | A♭ | Cm7 | Cm7 |

Verse 1

    D♭
I'm clean, I'm neat, I'm ready to eat,

                                                              A♭   **Cm7**
I'm like a pure white cotton sheet hanging out to dry.

Verse 2

    B♭
In sour, sweet, high-heeled feet,

                                                  A♭
Gotta push up on, I'm ready for a treat, oh my,

          Cm7
Worth a try.

Chorus 1

          B♭
Could be time to pay, you've wasted the day away

And I'm too lazy, won't you delay?

    A♭
All work, no play, maybe you're right,

     Cm7
The parties you like.

                B♭
I'm gonna wait, baby, go on all night,

So put your best foot forward.

                                                                  A♭
Don't know how long it's been, but it feels like an age and a wait

          Cm7
For the longest day…

Verse 3

B♭
Your game is lame,

Your rules are getting tame,

You're on another reel,
         A♭
But the outcome is the same, oh, the same.
  Cm7
Let's pretend.

Verse 4

 B♭
And days, days, don't mean a thing,

I'm only a digit and a diary,

If a diary would bring,
   A♭   **Cm7**
But this day is slipping away

Chorus 2 As Chorus 1

Coda

 B♭
Oh, doo doo doo, doo doo doo doo doo,

Doo doo doo, doo doo doo doo doo,
A♭
Doo doo doo, doo doo doo doo doo,
Cm7
Doo doo doo, doo doo ba da da da da,
 B♭
Da da da, ba ba, ba da da da da da da da da,

Da da da, ba ba, ba da da da da da,
A♭
Da da da, ba ba, ba da da da da da,
Cm7
Da da da, ba ba, ba da da da da da,

| **B♭** | **B♭** | **B♭** | **B♭** | **N.C.** | ‖
Da...

29

Crash

Words & Music by Paul Court, Stephen Dullaghan & Tracy Spencer

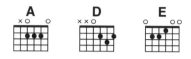

Capo second fret

Intro ‖: A | A | E | D :‖

Verse 1
    N.C   A   D
Here you go, way too fast,
    E   D
Don't slow down you're gonna crash,
               A   D
You should watch, watch your step,
    E   D
If you don't look out, you're gonna break your neck.
      A   D
So shut, shut your mouth
        E   D
'Cos I'm not listening anyhow.
        A   D
I've had e - nough, enough of you
      E   D
E - nough to last a lifetime through.
      E
So what do you want of me?
A   D
Got no words of sympathy,
      E   D
And if I go around with you,
    A   D   E | E
You know that I've been messed up too, with you.

Interlude
A   D   E   D
Na, na, na, na, na, na, na, na, na, na, na,
A   D   E   D
Na, na, na, na, na, na, na, na, na, na, na.

Verse 2

N.C   **A**   **D**
Here you go, way too fast,

E   **D**
Don't slow down you're gonna crash,

         A   **D**
You don't know what's been going down,

E   **D**
You've been running all over town.

    A **N.C**   **D**   **A**
So shut, shut your mouth

     E   **D**
'Cos I'm not listening anyhow.

      A   **D**
I've had enough, enough of you

  E   **D**
E - nough to last a lifetime through.

    E
So what do you want of me?

A   **D**
Got no cure for misery,

    E   **D**
And if I go around with you,

   A   **D**   **E** | **E** |
You know that I've been messed up too, with you.

Interlude

     E
‖: With you, with you.

A   **D**   **E**
Na, na, na, na, na, na, na, na, na, na, na,

                 D
(Slow down you're gonna crash)

A   **D**   **E**
Na, na, na, na, na, na, na, na, na, na, na.

                 D
(Slow down you're gonna crash) :‖

Repeat to fade

Crimson And Clover

Words & Music by Tommy James & Peter Lucia

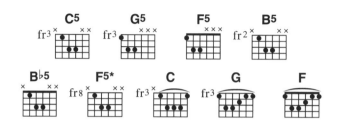

Verse 1

       C5 G5 F5   G5   B5 C5   G5 F5
Ah,   now I don't hardly know her

     G5   B5 C5   G5 F5
But I think I could love   her

G5   B5 C5   G5 F5
Crimson and clo - ver.

Verse 2

C5 G5 F5   G5   B5 C5   G5 F5
Ah,   when she comes walking ov - er

            G5   B5 C5   G5 F5
Now I've been waitin' to show   her

G5   B5 C5   G5 F5
Crimson and clo - ver

G5   B5 C5   G5 F5
Over and ov - er.

Link | F5 | F5 | G5 | G5   ‖

Instrumental 1 ‖: C5 | B♭5 F5* :‖ *Play 5 times*

              | G5 | G5 |

              | G5 ‖

Verse 3

```
       C5 G5 F5     G5            B5  C5      G5 F5
    Yeah,           my, my such a sweet thing
           G5 B5     C5      G5 F5
    I wanna do  every - thing
           G5        B5   C5   G5 F5
    What a beautiful feel - ing
    G5            B5   C5   G5 F5            G5
    Crimson and clo - ver          over and over.
```

Instrumental 2 ‖: C5 | B♭5 F5* :‖ *Play 6 times*

| G5 | G5 |

| G͡5   ‖

Outro | C G | F G |

```
    C           G      F         G
    Crimson and clover over and over
    C           G      F         G
    Crimson and clover over and over
    C           G      F         G
    Crimson and clover over and over
    C           G      F         G
    Crimson and clover over and over.
```

‖: C G | F G :‖ *Play 4 times*

| C͡   ‖

Celebrity Skin

Words & Music by Billy Corgan, Courtney Love & Eric Erlandson

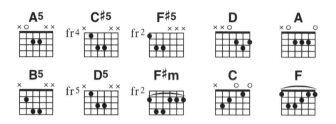

Verse 1

A5 C♯5 F♯5

                      A5 C♯5 F♯5
Oh, make me over

                  A5 C♯5 F♯5
I'm all I wanna be,

                A5 C♯5 F♯5
A walking study

In demonology.

Chorus 1

D   A
Hey, so glad you could make it

D   A
Yeah, now you really made it

F♯5 B5   D5   A5 C♯5 F♯5
Hey, so glad you could make it now.

Verse 2

                     A5 C♯5 F♯5
Oh, look at my face,

                          A5 C♯5 F♯5
My name is Might Have Been

                  A5 C♯5 F♯5
My name is Never Was

My name's Forgotten.

Chorus 2

D   A
Hey, so glad you could make it,

D   A
Yeah, now you really made it

F#5   B5   D5
Hey, there's only us left now.

Middle

A   D   A   D
  When I wake up   in my makeup

A   D   F#m
  It's too early for that dress.

A   D   A   D
  Wilted and faded   somewhere in Hollywood

A   D
  I'm glad I came here

F#m
With your pound of flesh.

A   D
  No second billing

A   D
   'Cos you're a star now

A   D
  Oh, Cinde - rella

F#m
They aren't sluts like you.

A   D   A   D
  Beautiful garbage, beautiful dresses

A   D
  Can you stand up

    F#m   A5   C#5 F#5
Or will you just fall down?

Verse 3

                        A5 C#5 F5
You better watch out

                A5 C#5 F5
What you wish for

                A5 C#5 F5
It better be worth it

So much to die for.

Chorus 3

D   A
Hey, so glad you could make it,

D   A
Yeah, now you really made it

F♯5   **B5**   **D5**
Hey, there's only us left now.

Middle 2

A   **D**   **A**   **D**
When I wake up   in my makeup

A   **D**   **F♯m**
Have you ever felt so used up as this?

A   **D**
It's all so sugarless

A   **D**   **A**   **D**
Hooker, waitress, model, actress

F♯m   **A**
Oh, just go name - less.

            D   **A**   **D**
Honey - suckle, she's full of poison

A   **D**   **F♯m**   **A**
She ob - literated everything she kissed.

             D
Now she's fading

A   **D**
Somewhere in Hollywood

A   **D**
I'm glad I came here

F♯m   **A5**   **C♯5** **F♯5**
With your pound of flesh.

Verse 4

                     A5   **C♯5** **F♯5**
You want a part of me

                         A5   **C♯5** **F♯5**
Well, I'm not selling cheap,

                         A5   **C♯5** **F♯5**
No, I'm not selling cheap.

Dancing Barefoot

Words & Music by Ivan Kral, Richard Sohl, Jay Daugherty & Patti Smith

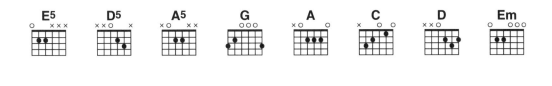

Intro

‖: E5   D5 | E5   A5 :‖

Verse 1

E5   D5   E5   A5
She   is bene - diction

E5   D5   E5   A5
She   is ad - dicted to thee

E5   D5   E5   A5
She   is the root con - nection

E5   D5   E5   A5
She   is con - necting with he.

Pre-chorus 1

E5   D5   E5   A5
    Here I go and I don't know why

E5   D5   E5   A5
    I fell so ceaseless - ly

E5   D5   E5   A5   E5   D5   E5   A5
Could it be he's taking over me—?

Chorus 1

G   A   C   D
    I'm dancing barefoot, heading for a spin

Em   A
Some strange music draws me in

C   D
Makes me come on like some heroine.

Link 1

‖: E5   D5 | E5   A5 :‖

Verse 2

E5 D5 E5 A5
She is subli - mation

E5 D5 E5 A5
She is the essence of thee,

E5 D5 E5 A5
She is concen - trating on

E5 D5 E5 A5
He, who is chosen by she.

Pre-chorus 2 As Pre-chorus 1

Chorus 2 As Chorus 1

Instrumental ‖: E5 D5 | E5 A5 :‖ *Play 4 times*

| G | A | C | D |

‖: E5 D5 | E5 A5 :‖

Verse 3

E5 D5 E5 A5
She is re - creation

E5 D5 E5 A5
She, intoxi - cated by thee

E5 D5 E5 A5
She has the slow sen - sation that

E5 D5 E5 A5
He is levi - tating with she.—

Pre-chorus 3

E5 D5 E5 A5
Here I go and I don't know why,

E5 D5 E5 A5
I spin so ceaseless - ly,

E5 D5 E5 A5 E5 D5 E5 A5
'Til I lose my sense of gravi - ty.—

Chorus 3 As Chorus 1

Link 2   ‖: E5 D5 │ E5 A5 :‖

Outro   ‖: **Em**   **D**   **C**   **D**
      (Oh God I fell for you —)
Em   **D**   **C**   **D**
The plot of our life sweats in the dark like a face
Em   **D**   **C**   **D**
  The mystery of childbirth,   of childhood it - self
Em   **D**   **C**   **D**
Grave visit - ations what is it that calls to us?
Em   **D**
  Why must we pray screaming?
C   **D**   **Em**   **D**
  Why must not death be redefined?
C   **D**   **Em**
  We shut our eyes we stretch out our arms
   D   **C**   **D**
And whirl on a pane of glass
     Em   **D**   **C**   **D**   **Em**
An afixi - ation a fix on anything   the line of life the limb of a tree
  D   **C**   **D**   **Em**   **D**   **C D**
The hands of he   and the promise that she is blessed among women.
Em   **D**   **C**   **D**   :‖
  (Oh God I fell for you —)

39

Devil Gate Drive

Words & Music by Nicky Chinn & Mike Chapman

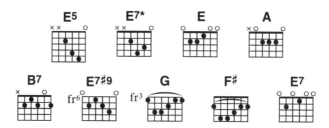

Shouted Intro Hey, you all want to go down to Devil Gate Drive?

Well, come on!

Drum intro

Welcome to The Dive! (a 1, 2, a 1, 2, 3 . .)

Piano | E5 | E5 | E5 | E7* B7 |

Verse 1
            E
Well, at the age of five they can do their jive

Down in Devil Gate Drive.

And at the age of six they're gonna get their kicks

Down in Devil Gate Drive.
      A   E
Well, your mama don't know where your sister done go
      A   E
She gone down to the Drive, she's the star of the show
        A   E
And let her move on up, let her come let her go.
        B7
She can jive
                   E   B7
Down in Devil Gate Drive.

Chorus 1

        E   **E7♯9**
So come alive, (yeah)

        E   **E7♯9**
Come alive, (yeah)

G   **F♯**   **E**
Down in Devil Gate Drive.

            E7♯9
So come alive, (yeah)

        E   **E7♯9**
Come alive, (yeah)

G   **F♯**   **G**   **F♯**
Down in Devil Gate, down in Devil Gate,

G   **F♯**   **B7**
Down in Devil Gate Drive.

G   **F♯**   **G**   **F♯**
Down in Devil Gate, down in Devil Gate,

G   **F♯**   **E**   **B7**
Down in Devil Gate Drive.

Verse 2

           E
When they reach their teens, that's when they all get mean

Down in Devil Gate Drive.

When I was sweet sixteen I was the jukebox queen

Down in Devil Gate Drive.

       A   **E**
I led the angel pack on the road to sin

A
Knock down the gates!

      E
Let me in, let me in

     A   **E**
Don't mess me 'round, 'cause you know where I've been

      B7
To 'The Dive'

           E   **B7**
Down in Devil Gate Drive.

Chorus 2

        E   E7♯9
So come alive, (yeah)

       E   E7♯9
Come alive, (yeah)

G   F♯   E
Down in Devil Gate Drive.

             E7♯9
So come alive, (yeah)

       E   E7♯9
Come alive, (yeah)

G   F♯   G   F♯
Down in Devil Gate, down in Devil Gate,

G   F♯   B7
Down in Devil Gate Drive.

G   F♯   G   F♯
Down in Devil Gate, down in Devil Gate,

G   F♯   E
Down in Devil Gate Drive.

Ooo come alive,

Come alive, come alive, come alive.

Instrumental | B7 | B7 | E7 | E7 | B7 | B7 | E7 | E7 ‖

Verse 3

       A   E
Well your mama don't know where your sister done go,

       A   E
She's gone down to the Drive, she's the star of the show.

     A   E
Let her move on up, let her come let her go,

     B7
She can jive,

                 E   B7
Down in Devil Gate Drive.

Chorus 3

       E   E7♯9
So come alive, (yeah)

       E   E7♯9
Come alive, (yeah)

   G   F♯   E
Down in Devil Gate Drive.

           E7♯9
So come alive, (yeah)

      E   E7♯9
Come alive, (yeah)

   G   F♯   G   F♯
Down in Devil Gate... down in Devil Gate,

   G   F♯   E
Down in Devil Gate Drive.

Outro

E
(Spoken) "Come on boys. Let's do it one more time for Suzi!

Are you ready now?... a 1, 2, a 1 2 3"

           E7♯9
Come alive, (yeah)

           E7♯9
Come alive, (yeah)

E
Yeah,

Yeah,

Yeah,

Wow!

Don't Tell Me

Words & Music by Avril Lavigne & Evan Taubenfeld

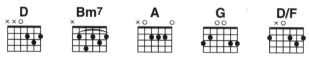

Capo second fret

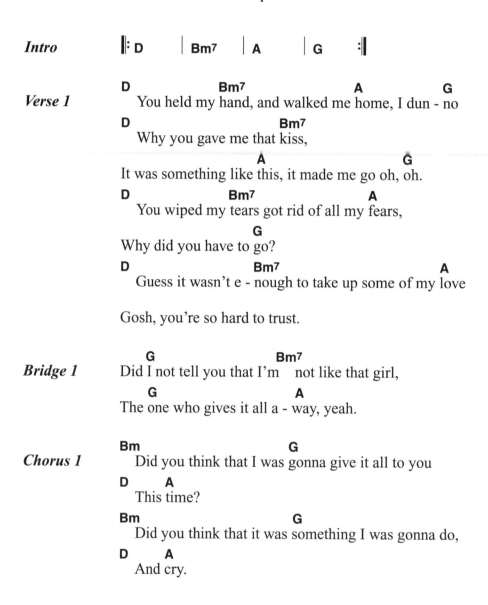

Intro
‖: D | Bm7 | A | G :‖

Verse 1

D   Bm7   A   G
You held my hand, and walked me home, I dun - no

D   Bm7
Why you gave me that kiss,

                          A   G
It was something like this, it made me go oh, oh.

D   Bm7   A
You wiped my tears got rid of all my fears,

                   G
Why did you have to go?

D   Bm7   A
Guess it wasn't e - nough to take up some of my love

Gosh, you're so hard to trust.

Bridge 1

           G   Bm7
Did I not tell you that I'm   not like that girl,

         G   A
The one who gives it all a - way, yeah.

Chorus 1

Bm   G
Did you think that I was gonna give it all to you

D   A
This time?

Bm   G
Did you think that it was something I was gonna do,

D   A
And cry.

cont.

Bm7   G   D
Don't try to tell me what to do,

                A   Em
Don't try to tell me what to say

                A
You're better off that way, yeah.

Verse 2

D   Bm7
Don't think that you're charming,

              A   G
The fact that your arm is now around my neck

D   Bm7   A
Won't get you in my pants, I'll have to kick your ass,

                  G
And make you never for - get.

D   Bm7   A
I'm gonna ask you to stop, thought I liked you a lot

                G
But I'm really up - set.

D   Bm7   A
Get out of my head, get off of my bed,

                G
Yeah, that's what I said.

Bridge 2

         G   Bm7
Did I not tell you that I'm not like that girl,

         G   A
The one who throws it all a - way.

Chorus 2   As Chorus 1

Middle

         G
This guilt trip that you've put me on

             D/F♯
Won't mess me up, I've done no wrong

          Em   G   A
Any thoughts of you and me have gone a - way.

Chorus 3   As Chorus 1

Outro

(You're better off that way).

                   A
I'm better off alone any - way.

Edge Of Seventeen

Words & Music by Stevie Nicks

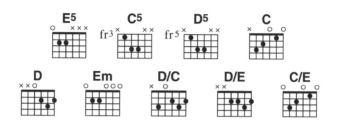

Intro | E5 | E5 | E5 | E5 ||

Chorus 1
                    C5
Just like the white winged dove
          D5
Sings a song, sounds like she's singing,
E5
Ooh, ooh, ooh.
                    C5
Just like the white winged dove
          D5
Sings a song, sounds like she's singing,
E5
Ooh baby, ooh, said ooh.

Verse 1
            C5   **D5**
And the days go by, like a strand in the wind
          E5
In the web that is my own, I begin again.
                    D5
I said to my friend, baby
          E5
Nothing else matters.
C5   **D5**   **E5**
He was no more   than a baby then,

      C5
Well he seemed broken hearted,

D5   E5
  Something with - in him,

      C5   D5   E5
But the moment that I first laid eyes on him,

          C5   D5   E5
I'm all alone on the edge of   seven - teen.

Chorus 2   As Chorus 1

      C5
Verse 2   Well I went today

         D5   E5
Maybe I will go again, to - morrow.

Yeah, yeah, well the music there,

         D5   E5
Well it was hauntingly fam - iliar.

      C5
Well I see you doing

      D5
What I try to do for me,

      E5
With the words from a poet,

And a voice from a choir,

      C5
And a melody,

D5   E5
  Nothing else mattered.

Chorus 3   As Chorus 1

Middle

      Em   **D**   **C**
The clouds never ex - pected it when it rains,

          D   **C**
But the sea   changes colour,

        D/C   **C**
But the sea does not change.

      Em   **D/E**   **C/E**
And so with the slow graceful flow of age,

      C   **D/C**   **C**   **D/C**
I went forth with an age - old de - sire to please,

      C   **D/C**   **C**
On the edge of seven - teen.

Interlude

| **E5** | **E5** | **E5** | **E5** | |

| **C5** | **D5** | **E5** | **E5** ‖

Chorus 4   As Chorus 1

Verse 3

      C5
Well then suddenly,

       D5   **E5**
There was no one left standing in the hall,

        C5
Yeah, yeah, in a flood of tears,

D5   **E5**
No one really ever heard fall at all.

       C5
Well I went searching for an answer,

      D5
Up the stairs and down the hall,

E5
Not to find an answer, just to hear the call

    C5
Of a night - bird,

D5   **E5**
  Singing "Come away."

Chorus 5   As Chorus 1

Em   **D/E**
Verse 5   Well I hear you, in the morning,

                   Em   **D/E**
               And I hear you in the nightfall,

                     Em   **D/E**
               Some - times to be near you

                  Em   **D/E**   **C**   **D**
               Is to be un - able to feel you,

                   Em
               My love.

                              C   **D**
               I'm a few years older than you,

                   Em
               My love.

Chorus 6   As Chorus 1   *To fade*

Eighth Day

Words & Music by Hazel O'Connor

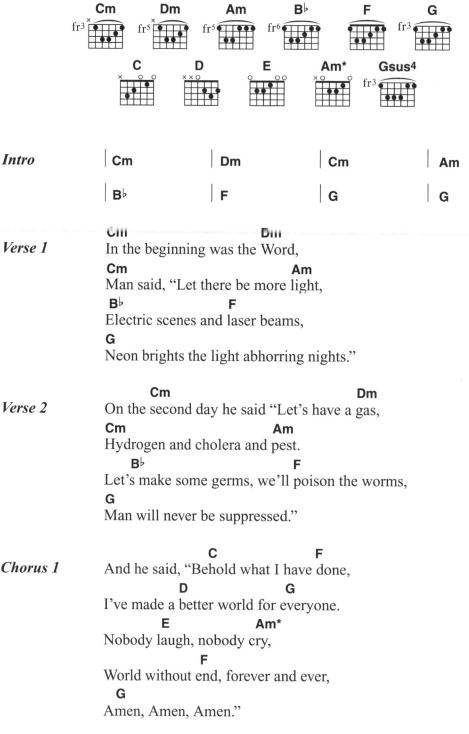

Intro		Cm		Dm		Cm		Am	
		Bb		F		G		G	

Verse 1

    Cm   **Dm**
In the beginning was the Word,
  Cm   **Am**
Man said, "Let there be more light,
  Bb   **F**
Electric scenes and laser beams,
  G
Neon brights the light abhorring nights."

Verse 2

        Cm   **Dm**
On the second day he said "Let's have a gas,
Cm   **Am**
Hydrogen and cholera and pest.
    Bb   **F**
Let's make some germs, we'll poison the worms,
  G
Man will never be suppressed."

Chorus 1

              C   **F**
And he said, "Behold what I have done,
           D   **G**
I've made a better world for everyone.
        E   **Am***
Nobody laugh, nobody cry,
         F
World without end, forever and ever,
   G
Amen, Amen, Amen."

Verse 3	**Cm** **Dm**

Verse 3

     Cm   **Dm**
On the third we get green and blue for pie,
     Cm   **Am**
On the fourth we send rockets to the sky,
   B♭   **F**
On the fifth metal beasts and submarines,
    G
On the sixth man prepares his final dream,

Verse 4

     Cm   **Dm**
"In our image, let's make robots for our slaves,
Cm   **Am**
Imagine all the time that we could save.
   B♭   **F**
Computers, machines, the silicon dream."
G
Seventh, he retired from the scene.

Chorus 2   As Chorus 1

Verse 5

     Cm   **Dm**
On the eighth day machine just got upset,
    Cm   **Am**
A problem man had never seen as yet.
   B♭   **F**
No time for flight, a blinding light
    Gsus4   **G**
And nothing but a void, forever night.

Chorus 3

         C   **F**
He said, "Behold what man has done,
          D   **G**
There's not a world for anyone.
        E   **Am***
Nobody laughed, nobody cried,
        F
World's at an end, everyone has died,
     G
Forever, Amen, Amen, Amen."

Chorus 4   As Chorus 3

Coda

G   **C**
A - - - men.

Feed The Tree

Words & Music by Tanya Donelly

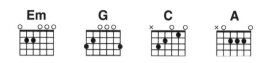

Intro
| Em | Em | Em | Em | |
| Em | Em ‖

Verse 1

G
This old man I've talked about
C
Broke his own heart,
               G   **C**
Poured it in the ground.
G
Big red tree grew up and out,
      C
Throws up it's leaves,
        G   **C** | **G** | **G** | |
Spins round and round.
A   **C**
I know all this and more.

Chorus 1

            G
So take your hat off

When you're talking to me,
   C
And be there when I feed the tree.

Instrumental | G | G | G | G | |

Verse 2

    G
This little squirrel I used to be
          C   G   C
Slammed her bike down the stairs.
G
They put silver where her teeth had been,
    C   G   C |G |G |
Baby silvertooth, she grins and grins.
A   C
I know all this and more.

Chorus 2

            G
So take your hat off, boy,

When you're talking to me,
      C
And be there when I feed the tree.

|G |G |C |C |

            G
Take your hat off, boy,

When you're talking to me,
      C   (G)
And be there when I feed the tree.

Instrumental |G |C   G |G |C   G |

               |G |C   G |G |C   G |

               |Em |Em |Em |Em ||

Verse 3

```
G
This old man I used to be
             C                   G      C
Spins around, around, around the tree.
G
Silver baby, come to me,
   C                G       C   |G        |G       |
I'll only hurt you in my dreams.
A
I know all this and…
C
  I know all this and…
A                C      N.C
I know all this and more.
```

Chorus 3 As Chorus 2

Coda

```
| G         | C    G     | G          | C    G    |
| G         | C    G     | Em         | Em        |
| Em        | Em         | Em         | Em   G    ||
```

Feel Good Time

Words & Music by Beck, William Orbit & Jay Ferguson

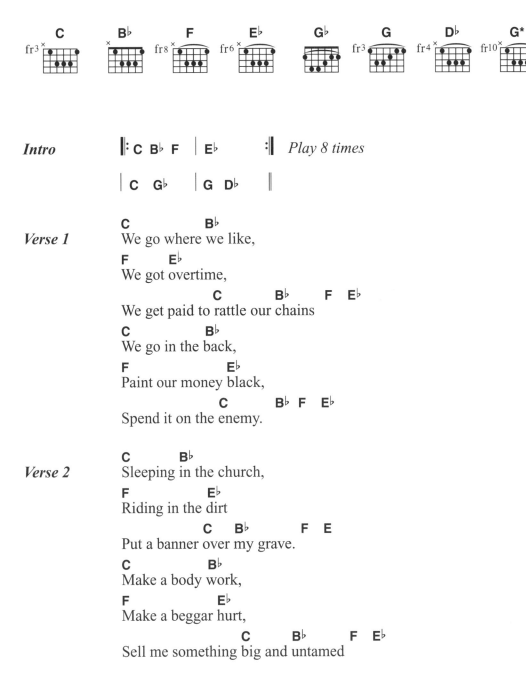

Intro ‖: C B♭ F | E♭ :‖ *Play 8 times*

| C G♭ | G D♭ ‖

Verse 1
```
        C              B♭
We go where we like,
F         E♭
We got overtime,
                    C          B♭    F  E♭
We get paid to rattle our chains
C              B♭
We go in the back,
F                 E♭
Paint our money black,
                    C          B♭ F  E♭
Spend it on the enemy.
```

Verse 2
```
        C              B♭
Sleeping in the church,
F           E♭
Riding in the dirt
                    C  B♭          F  E
Put a banner over my grave.
C              B♭
Make a body work,
F                 E♭
Make a beggar hurt,
                    C      B♭      F  E♭
Sell me something big and untamed
```

© Copyright 2003 Rondor Music (London) Limited (60%)/Copyright Control (40%).
All Rights Reserved. International Copyright Secured.

Chorus 1
        C B♭ F E♭   **C B♭ F E♭**
Now our time——   real good time,

        C B♭ F E♭   **C B♭ F E♭**
Now our time——   real good time.

        C B♭ F E♭   **C B♭ F E♭**
Now our time——   real good time,

C   E♭ G*   E♭   C
Ba - a - a - by, you're mine.

Interlude | **C B♭ F** | **E♭** | **C G♭** | **G D♭** ‖

Verse 3
C   B♭
We know how to pray,

F   E♭
Party eve ▪ ryday,

               C   B♭ F E♭
Make our deso - lation look plain

C   B♭
Riding in a rut,

F   E♭
Till the power's cut,

             C   B♭   **F E♭**
We don't even have a good name.

Verse 4
C   B♭
Sleeping in the church,

F   E♭
Riding in the dirt,

         C   B♭   **F E♭**
Put a banner over my grave.

C   B♭
Make a body work,

F   E♭
Make a beggar hurt,

         C   B♭   **F E♭**
Sell me something big and untamed

Chorus 2	As Chorus 1

Interlude ‖: C B♭ F | E♭   :‖ *Play 10 time w/vocal ad lib.*

Chorus 3

             C B♭ F E♭   C B♭F   E♭
Now our time——— real good time,
             C B♭ F E♭   C B♭F   E♭
Now our time——— real good time.
             C B♭F E♭   C B♭ F   E♭
Now our time——— real good time,

Outro

C   B♭ F   E♭   C   B♭ F   E♭
Feel good, real good, it's the same old saying.
C   B♭ F   E♭   C B♭   F   E♭
Real good,feel good, don't got no more brains.
C   B♭ F   E♭   C   B♭ F   E♭
Feel good, real good, it's the same old saying
C   B♭ F   E♭   C B♭ F   E♭
Feel good, real good, I don't got no brains.
C   E♭ G*   E♭   C
Ba - a - a - by, be all mine.

Fighter

Words & Music by Christina Aguilera & Scott Storch

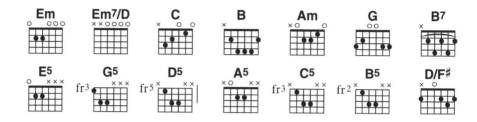

Intro
| Em Em⁷/D | C B | Am G | B7 ‖

(Spoken)

Em   Em⁷/D   C   B
    After all you put me through,   you'd think I des - pise you,

Am   G
    But in the end I wanna thank you,

B7
'Cos you made me that much stronger

Verse 1

Well I,

E5   G5
    Thought I knew you,

            D5   E5
Thinking   that you were true,

            G5
Guess I, I couldn't trust,

                 D5   E5
Called your bluff, time is up, 'cos I've had e - nough.

              G5
You were there by my side,

       D5   E5
Always   down for the ride

                 G5
But your joyride just came down in flames

         D5   E5
'Cos your greed sold me out in shame.

Bridge 1

A5
   After all of the stealing and cheating

                                   G5
You probably think that I hold resentment for you,

       E5   **G5**   **E5**
But   uh uh, oh no, you're wrong.

A5
'Cos if it wasn't for all that you tried to do,

C5   **D5**   **B5**
I wouldn't know just how capable I am to pull through

     C5   **A5**   **B5**
So I wanna say thank you 'cos it

Chorus 1

Em   **D/F♯**
Makes me that much stronger,

G   **Am**
Makes me work a little bit harder,

C   **B7**
Makes me that much wiser,

   Am   **Em**
So thanks for making me   a fighter.

Em   **D/F♯**
Made me learn a little bit faster,

G   **Am**
Made my skin a little bit thicker,

C   **B7**
Makes me that much smarter,

   Am   **Em**
So thanks fo making me   a fighter.

Interlude | **E5 G5** | **D5 E5** | **E5 G5** | **D5 E5** ‖

	E⁵ **G⁵**

Verse 2

     E⁵   **G⁵**
Never   saw it com - ing,

       D⁵   **E⁵**
All of   your backstab - bing

      E⁵   **G⁵**
Just so, you could cash in

               D⁵   **E⁵**
On a good thing be - fore I'd realised your game.

      E⁵   **G⁵**   **G⁵**
I heard   you're going round

      D⁵   **E⁵**
Playin'   the victim now

        E⁵   **G⁵**
But don't   even beg - in

               D⁵
Feeling I'm the one to blame

               E⁵
'Cos you dug your own grave.

   A⁵

Bridge 2
    After all of the fights and the lies

Yes your wanting to hurt me

                    G⁵
But that won't work any - more,

E⁵   **G⁵**   **E⁵**
  No more, uh uh, it's over.

A⁵
'Cos if it wasn't for all of your torture

  C⁵
I wouldn't know how

   D⁵   **B⁵**
To be this way now and never back down

    C⁵   **A⁵**   **B⁵**
So I wanna say thank you 'cos it

Chorus 2   As Chorus 1

60

Middle

```
       Em              Em7/D           C
         How could this man I thought I know
               B           Am
       Turn out to be unjust so cruel,
               G               B7
       Could only see the good in you
```

Pretended not to see the truth.

```
       Em            Em7/D            C
         You tried to hide your lies, dis - guise yourself
             B              Am
       Through living in den - ial
               G
       But in the end you'll see
       B7
       You won't stop me.
```


Chorus 3   As Chorus 1   *(Vocal ad lib. on chorus chords)*

Chorus 4   As Chorus 1

Chorus 5   As Chorus 1   *(Vocal ad lib. on chorus chords)*

Chorus 6   As Chorus 1

Fuck And Run

Words & Music by Liz Phair

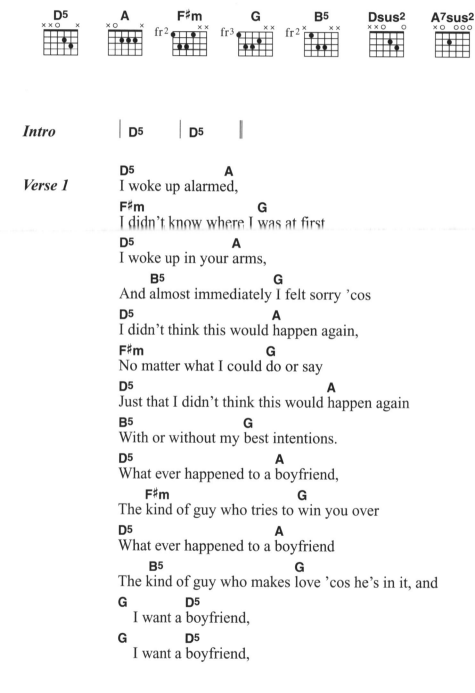

Intro | D5 | D5 ‖

Verse 1

D5   A
I woke up alarmed,

F♯m   G
I didn't know where I was at first

D5   A
I woke up in your arms,

   B5   G
And almost immediately I felt sorry 'cos

D5   A
I didn't think this would happen again,

F♯m   G
No matter what I could do or say

D5   A
Just that I didn't think this would happen again

B5   G
With or without my best intentions.

D5   A
What ever happened to a boyfriend,

   F♯m   G
The kind of guy who tries to win you over

D5   A
What ever happened to a boyfriend

   B5   G
The kind of guy who makes love 'cos he's in it, and

G   D5
I want a boyfriend,

G   D5
I want a boyfriend,

cont.

Dsus2   A7sus2
I want all that stupid old shit

       G   D
Like letters and sodas

G   D
Letters and sodas.

Verse 2

D5   A
You got up out of bed,

F♯m   G
You said you had a lot of work to do.

      D5   A
But I heard the rest in your head

       B5   G
And almost immediately I felt sorry 'cos

D5   A
I didn't think this would happen again

F♯m   G
No matter what I could do or say,

D5   A
Just that I didn't think this would happen again

B5   G
With or without my best intentions

G   D5
   I want a boyfriend,

G   D5
   I want a boyfriend

Dsus2   A7sus2
I want all that stupid old shit,

        G   D5
Like letters and sodas

G   D5
Letters and sodas.

Pre-chorus 1

Em   A
I can feel it in my bones

Em   Dsus2
I'm gonna spend another year alone.——

Chorus 1

          D5   A
Fuck and run, fuck and run
F#m   G
Even when I was seventeen.
          D5   A
Fuck and run, fuck and run
B5   G
Even when I was twelve.

Verse 3

D5   A
You almost felt bad
F#m   G
You said that I should call you up but
D5   A
I knew much better than that,
     B5   G
And almost immediately I felt sorry 'cos
D5   A
I didn't think this would happen again
F#m   G
No matter what I could do or say just that
D5   A
I didn't think this would happen again
B5   G
With or without my best intentions.

Pre-chorus 2

Em   A
I can feel it in my bones
Em   Dsus2
I'm gonna spend my whole life alone.—

Chorus 2   As Chorus 1

Gloria

Words & Music by Giancarlo Bigazzi, Umberto Tozzi

A   E   F♯m   B   D   G

Intro

| A | A | A | A |

| E | E | E | E |

| A | A | A | A ‖

Verse 1

  E   A
Gloria, you're always on the run now

                  E
Running after some - body,

           A
You gotta get him somehow.

             E
I think you got to slow down

          A
Before you start to blow it

                  E
I think you're headed for a breakdown

          A
So be careful not to show it.

Chorus 1

                   F♯m
You really don't re - member,

B   E
   Was it something that he said

A   D
E Or the voices in your head

                 | A | A |
Calling Gloria?

Verse 2

```
E                                A
Gloria, don't you think you're falling,
              E
If everybody wants you,
              A
Why isn't anybody calling?
              E
You don't have to answer,
G                        D    E
   Leave 'em hanging on the line, oh
                   | A  | A  |
Calling Gloria.
```

Verse 3

```
E                                A
Gloria, I think they got your number,
                        E
I think they got the alias
                      A
That you've been living under.
```

Chorus 2

```
                        F♯m
But you really don't re - member
B                         E
   Was it something that he said
A                       D
   Or the voices in your head
E                   | A  | A  |
   Calling Gloria?
```

Instrumental

```
| E      | E      | E      | E      |

| A      | A      | A      ‖
```

Ah ha ha.——

Verse 4

```
E                      A
Gloria, how's it gonna go down,
                        E
Will you meet him on the main line?
                          A
Or will you catch him on the rebound?
                      E
Will you marry for the money,
```

<table>
<tr><td>cont.</td><td>

               A
Take a lover in the afternoon?
              E
Feel your innocence slipping away
              A
Don't believe it's coming back soon.

</td></tr>
</table>

cont.

               A
Take a lover in the afternoon?

              E
Feel your innocence slipping away

              A
Don't believe it's coming back soon.

Chorus 3

                   F♯m
And you really don't re - member

B   **E**
Was it something that he said

A   **D**
   Or the voices in your head

E | **A** | **A** |
Calling Gloria?

Verse 5

E   **A**
Gloria, don't you think you're falling,

            E
If everybody wants you,

            A
Why isn't anybody calling?

            E
You don't have to answer,

G   **D** **E**
   Leave 'em hanging on the line, oh

        | **A** | **A** |
Calling Gloria.

Verse 6

E   **A**
Gloria, I think they got your number,

            E
I think they got the alias

            A
That you've been living under.

Chorus 4   As Chorus 2

Outro   ‖: **E** | **E** | **A** | **A** :‖ *Repeat to fade*

Goin' Down

Words & Music by Melanie Chisholm, Richard Stannard & Julian Gallagher

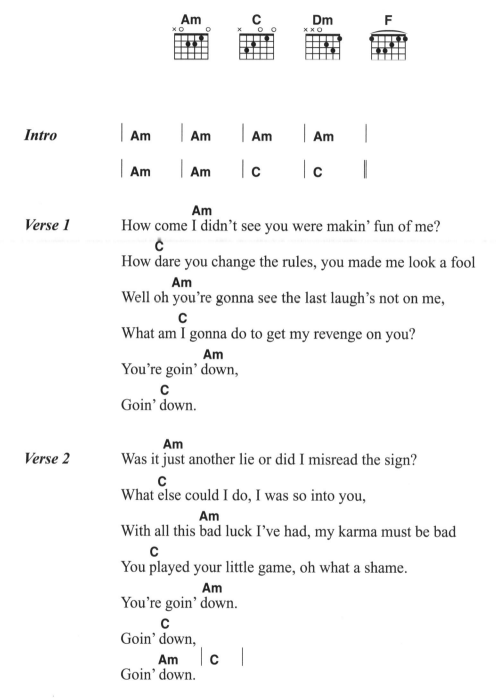

Am **C** **Dm** **F**

Intro
| Am | Am | Am | Am |

| Am | Am | C | C ‖

Verse 1
Am
How come I didn't see you were makin' fun of me?

C
How dare you change the rules, you made me look a fool

Am
Well oh you're gonna see the last laugh's not on me,

C
What am I gonna do to get my revenge on you?

Am
You're goin' down,

C
Goin' down.

Verse 2
Am
Was it just another lie or did I misread the sign?

C
What else could I do, I was so into you,

Am
With all this bad luck I've had, my karma must be bad

C
You played your little game, oh what a shame.

Am
You're goin' down.

C
Goin' down,

Am | C |
Goin' down.

Chorus 1

              Dm F   C
I'm singin' it loud   and I don't care.

              Dm   F   C
I'm singin' it proud   every - where.

Interlude | Am | Am | Am | Am   ‖

Verse 3

          Am
Now I feel no remorse, my life is back on course.

        C
From this little hitch I have become a Superbitch.

         Am
But don't be afraid by the confession I've made.

C
I am not a whore, I have gone hardcore.

             Am
You're goin' down.

          C
Goin' down.

         Am   C
Goin' down, goin' down.

Chorus 2   As Chorus 1

Chorus 3

              Dm F   C
I'm singin' it loud   and I don't care.

              Dm   F   C
I'm singin' it proud   every - where, ha, ha, ha.

Outro

        C
   You're goin' down.

Goin' down.

 Am
   You're goin' down.

       C
Goin' down, ha, yeah.

Hanging On The Telephone

Words & Music by Jack Lee

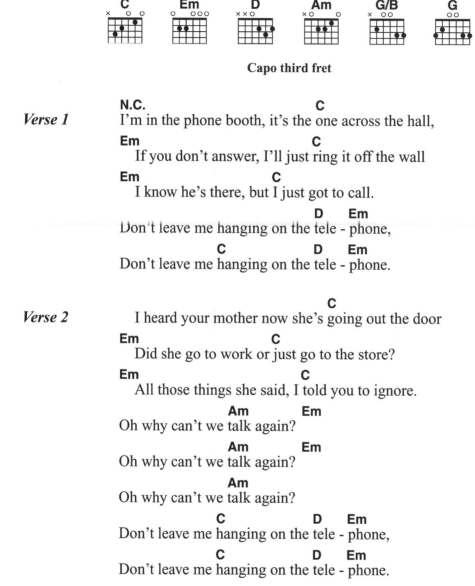

Capo third fret

Verse 1

    N.C.   **C**
I'm in the phone booth, it's the one across the hall,

Em   **C**
If you don't answer, I'll just ring it off the wall

Em   **C**
I know he's there, but I just got to call.

                                   D   **Em**
Don't leave me hanging on the tele - phone,

                      C   **D**   **Em**
Don't leave me hanging on the tele - phone.

Verse 2

                                C
I heard your mother now she's going out the door

Em   **C**
Did she go to work or just go to the store?

Em   **C**
All those things she said, I told you to ignore.

                Am   **Em**
Oh why can't we talk again?

                Am   **Em**
Oh why can't we talk again?

                Am
Oh why can't we talk again?

               C   **D**   **Em**
Don't leave me hanging on the tele - phone,

               C   **D**   **Em**
Don't leave me hanging on the tele - phone.

Verse 3

N.C   C
It's good to hear your voice, you know it's been so long

Em   C
If I don't get your calls then everything goes wrong

Em   C
I want to tell you something you've known all along,

                             D   Em | C
Don't leave me hanging on the tele - phone.

Interlude

| Em | C | Em | C | C |

| C | D | Em | Em   ‖

Verse 4

                        C
I had to interrupt and stop this conversation,

Em   C
  Your voice across the line gives me a strange sensation,

Em   C
  I'd like to talk when I can show you my affection.

            Am   Em
Oh I can't control myself,

            Am   Em
Oh I can't control myself,

            Am
Oh I can't control myself,

                C   D   Em
Don't leave me hanging on the tele - phone.

Verse 5

           C
Hang up and run to me,

Em   C
Oh, hang up and run to me,

Em   C
Oh, hang up and run to me,

Em   C
Oh, hang up and run to me,

Em   C
Oh - o - o - o - oh, run to me.

| C G/B | G D | Em ‖

Happy House

Words & Music by Siouxsie Sioux & Steve Severin

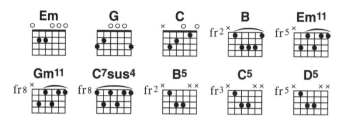

Intro |: **Em** | **G** | **C** | **B** :| *Play 4 times*

Verse 1

Em¹¹ **Gm¹¹**
This is the happy house,
　　　　C⁷sus⁴　　　　**B⁵**
We're happy here in the happy house.
C⁵ **D⁵**
　Oh it's such
Em¹¹ Gm¹¹ C⁷sus⁴ B⁵　C⁵ D⁵
Fun,　fun,　fun,　　whoa.
　　　　Em¹¹　**Gm¹¹**　　**C⁷sus⁴**　　**B⁵ C⁵ D⁵**
We've come to play in the happy house,
　　　　Em¹¹　**Gm¹¹**　　**C⁷sus⁴**　　　**B⁵**　**C⁵**　　**D⁵**
And waste a day in the happy house　　it nev - er
Em¹¹ Gm¹¹　　　**C⁷sus⁴ B⁵　C⁵**　　**D⁵**
Rains never rains.

Verse 2

　　　　Em¹¹　**Gm¹¹**　　　**C⁷sus⁴**　　**B⁵ C⁵ D⁵**
We've come to scream in the happy house
　　　　Em¹¹ Gm¹¹　　　**C⁷sus⁴**
We're in a　　dream in the happy house,
B⁵　　　**C⁵ D⁵**
　We're all quite
Em¹¹　Gm¹¹ C⁷sus⁴　B⁵　　**C⁵ D⁵**
Sane,　sane,　sane,　　whoa.
Em¹¹　　**Gm¹¹**　　　　　**C⁷sus⁴**　　　**B⁵ C⁵ D⁵**
This is the happy house-we're happy here.

Link ‖: Em | G | C | B :‖

Verse 3

        Em   G
There's room for you if you say "I do"

    C   B
But don't say no or you'll have to go,

        Em   G
We've done no wrong with our blinkers on.

     C   B
It's safe and calm if you sing along

Em^{11} Gm^{11} C7sus^4 B^5 C^5 D^5
Sing along sing   a - long,   oh.

Em^{11} Gm^{11}
This is the happy house

      C7cuc^4 B^5 C^5 D^5
We're happy here in the happy house

        Em^{11} Gm^{11}
To for - get ourselves and pre - tend all's well,

         C7sus^4 B^5 C^5 D^5
There is no hell   oh.

Outro ‖: Em | G | C | B :‖ *Play 4 times (Vocal ad lib.)*

    Em   G   C B
I'm looking through your window,   oh

    Em   G   C B
I'm looking through your window.

‖: Em | G | C | B :‖ *Repeat to fade*

Hit Me With Your Best Shot

Words & Music by Eddie Schwartz

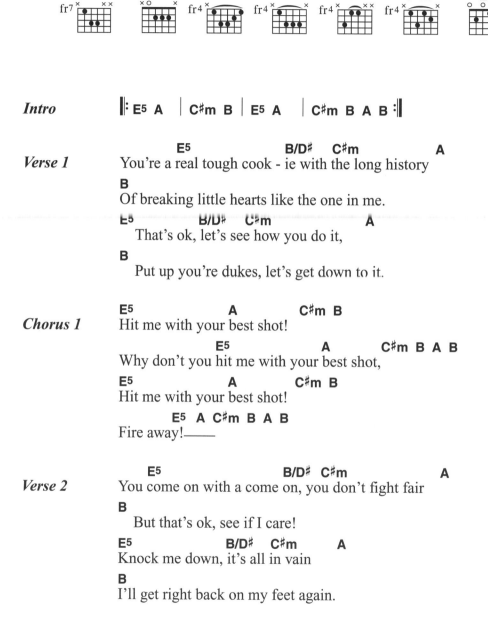

Intro ‖: E5 A | C#m B | E5 A | C#m B A B :‖

Verse 1

　　　　　E5　　　　　　　B/D#　　C#m　　　　　　A
You're a real tough cook - ie with the long history

B
Of breaking little hearts like the one in me.

E5　　　　B/D#　C#m　　　　　　　A
　　That's ok, let's see how you do it,

B
　　Put up you're dukes, let's get down to it.

Chorus 1

E5　　　　　　　A　　　　C#m B
Hit me with your best shot!

　　　　　　E5　　　　　　　A　　　　C#m B A B
Why don't you hit me with your best shot,

E5　　　　　　　A　　　　C#m B
Hit me with your best shot!

　　　　　　E5 A C#m B A B
Fire away!——

Verse 2

　　　　E5　　　　　　　B/D# C#m　　　　　　A
You come on with a come on, you don't fight fair

B
　　But that's ok, see if I care!

E5　　　　　　B/D#　C#m　　　A
Knock me down, it's all in vain

B
I'll get right back on my feet again.

Chorus 2

E5   A   C#m B
Hit me with your best shot!
                E5   A   C#m B A B
Why don't you hit me with your best shot,
E5   A   C#m B
Hit me with your best shot!
           E5 A C#m B A B
Fire away!——

Guitar Solo

‖: E5 B/D# | C#m A | B | B   :‖

‖: E5 A | C#m B | E5 A | C#m B A B :‖

Verse 3

                E5   B/D#   C#m7
Well you're the real tough cookie with the long history
        B
Of breaking little hearts, like the one in me
        E5   B/D#   C#m7
Before I put another notch   in my lipstick case
        B
You better make sure you put me in my place.

Chorus 3

E5   A   C#m B
Hit me with your best shot!
             E5   A   C#m B A B
Come on, hit me with your best shot!
E5   A   C#m B
Hit me with your best shot!
           E5 A C#m B A B
Fire away!——
E5   A   C#m B
Hit me with your best shot!
             E5   A   C#m B A B
Why don't you hit me with your best shot!
E5   A   C#m B
Hit me with your best shot!
           E5 A C#m B A B
Fire away!——

Outro

‖: E5 A | C#m B A B :‖ *Play 3 times*

| E | E7   ‖

Holding Out For A Hero

Words & Music by Jim Steinman & Dean Pitchford

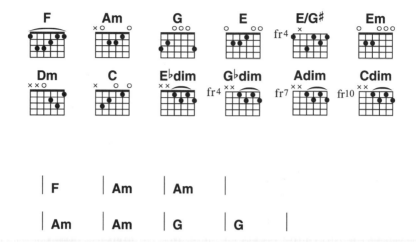

Intro

F	Am	Am	
Am	Am	G	G	
F	F	E	E	
Am	Am	G	G	
F	F	E	E	

Verse 1

Am
    Where have all the good men gone

   G
And where are all the Gods?

F
Where's the street - wise Hercules

   E   E/G#
To fight the rising odds?

Am   Em
    Isn't there a white knight upon a fiery steed?

Dm   E
    Late at night I toss and turn and dream of what I need.

Chorus 1
         Am
I need a hero,

                 Em
I'm holding out for a hero 'til the end of the night.

      F
He's gotta be strong,

And he's gotta fast,

          C   **G**
And he's gotta be fresh from the fight.

         Am
I need a hero,

                 Em
I'm holding out for a hero 'til the morning light.

      F
He's gotta be sure,

And it's gotta soon,

          C   **G**
And he's gotta be larger than life.

Link 1

Am	Am	G	G	
F	F	E	E	

Verse 2
Am
   Somewhere after midnight

     G
In my wildest fantasy

F
Somewhere just beyond my reach

       E   **E/G♯**
There's someone reaching back for me.

Am
   Racing on the thunder and rising with the heat

Dm   **Em**   **E** | E |
   It's gonna take a superman to sweep me off feet.

Chorus 2

Am
I need a hero,

Em
I'm holding out for a hero 'til the end of the night.

F
He's gotta be strong,

And he's gotta fast,

C   G
And he's gotta be fresh from the fight.

Am
I need a hero,

Em
I'm holding out for a hero 'til the morning light.

F
He's gotta be sure,

Dm
And it's gotta soon,

C   G | G |
And he's gotta be larger than life.

Am
I need a hero,

Em
I'm holding out for a hero 'til the end of the night.

Instrumental | Am | Am | F | F |

| Dm | E | Am | Am |

| Am | Am | F | F |

| Dm | E | Am | Am   ‖

Bridge

Am
   Up where the mountains meet the Heavens above

F
   Out where the lightning splits the sea

Dm   E
   I would swear that there's someone somewhere

Am
Watching me.

   Through the wind and the chill and the rain

F
   And the storm and the flood

Dm   E
   I can feel his ap - proach

                    Am
Like the fire in my blood

Link 2

| E♭dim | G♭dim | Adim | Cdim |
| Em | E | ‖

Chorus 2   As Chorus 2

Outro

F	F	C	G
Am	Am	Em	Em
F	F	C	G
Am	Am	Em	‖

(Drums to fade)

Hazy Shade Of Winter

Words & Music by Paul Simon

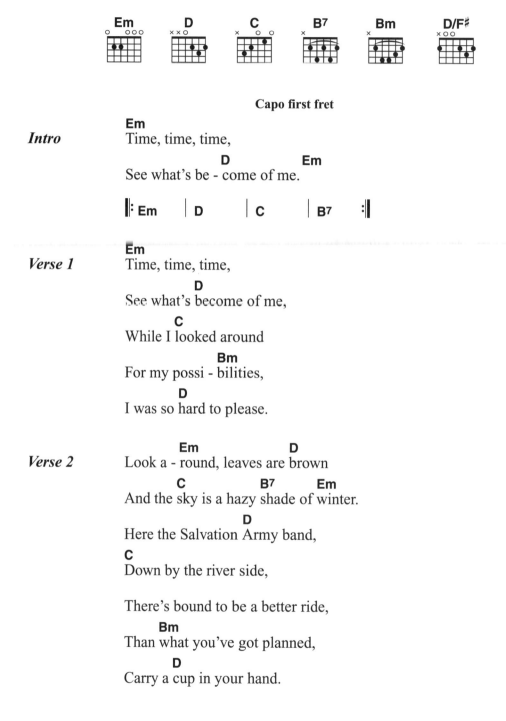

Capo first fret

Intro

  Em
Time, time, time,

        D   **Em**
See what's be - come of me.

‖: **Em** | **D** | **C** | **B7** :‖

Verse 1

  Em
Time, time, time,

      D
See what's become of me,

    C
While I looked around

        Bm
For my possi - bilities,

     D
I was so hard to please.

Verse 2

      Em   **D**
Look a - round, leaves are brown

      C   **B7**   **Em**
And the sky is a hazy shade of winter.

         D
Here the Salvation Army band,

C
Down by the river side,

There's bound to be a better ride,

  Bm
Than what you've got planned,

  D
Carry a cup in your hand.

Verse 3

        Em   **D**
Look a - round, leaves are brown

           C   **B7**   **Em**
And the sky is a hazy shade of winter.

                D
Hang on to your hopes my friend,

C
That's an easy think to say

But if your hopes should pass away

Bm
Simply pretend,

           D
That you can build them again.

Verse 4

        Em   **D**
Look a - round, grass is high,

          C
Fields are ripe,

        B7   **N.C.**
It's the springtime of my life.

Middle

    C   **G**
  Seasons change with the scenery,

        D
Weaving time in a tapestry

Bm   **D**
Won't you stop and re - member me...

Interlude ‖: **Em** | **D** | **C** | **B7** :‖

Verse 5

     Em   **D**
Look a - round, leaves are brown

       C **B7**   **Em**
And the sky is a hazy shade of winter.

       D   **C**
Look a - round, leaves are brown

        B7   **Em**
There's a patch of snow on the ground.

       D   **C**
Look a - round, leaves are brown

        B7   **Em**
There's a patch of snow on the ground.

        D/F#   **C**
Look a - round, leaves are brown

        B7   **Em**
There's a patch of snow on the ground.

The Hunger

Words & Music by Brody Armstrong

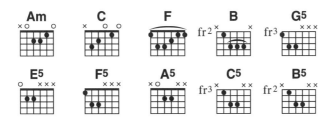

Intro   ‖: Am | C | F | B :‖

Verse 1
> Am   C
> Holy eyes,
> F   B
> I never knew I'd beg down at your feet
> Am   C   F   B
>   Hold on tight I never knew I'd know much more than this
> Am   C
>   Open sky,
>   F   B
> The wave of pain the scent of you is bliss
> Am   C
>   Hungry eyes,
>   F   B
> They stare at me I know, I know.

Link 1
>   ‖: G5 E5 | F5 E5 :‖ *Play 3 times*
> Don't go!

Guitar Solo 1   ‖: Am | C | F | B :‖

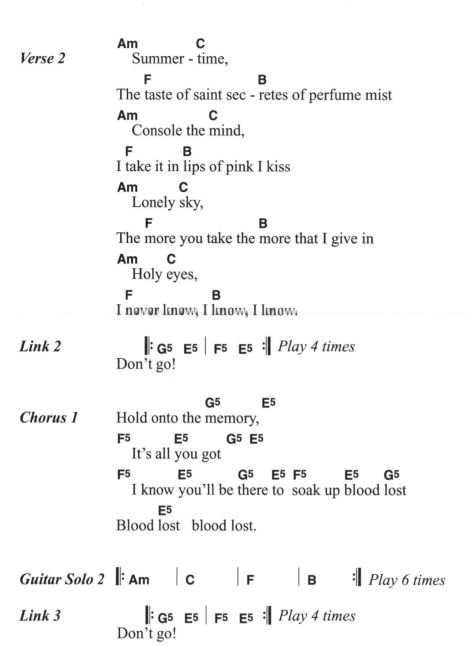

Verse 2

Am   C
 Summer - time,

   F   B
The taste of saint sec - retes of perfume mist

Am   C
 Console the mind,

 F   B
I take it in lips of pink I kiss

Am   C
 Lonely sky,

   F   B
The more you take the more that I give in

Am   C
 Holy eyes,

 F   B
I never know, I know, I know.

Link 2

‖: G5 E5 | F5 E5 :‖ *Play 4 times*
Don't go!

Chorus 1

                 G5   E5
Hold onto the memory,

F5   E5   G5 E5
 It's all you got

F5   E5   G5 E5 F5   E5   G5
 I know you'll be there to soak up blood lost

         E5
Blood lost blood lost.

Guitar Solo 2 ‖: Am | C | F | B   :‖ *Play 6 times*

Link 3

‖: G5 E5 | F5 E5 :‖ *Play 4 times*
Don't go!

Chorus 2

                 G5   **E5**
Hold on to the memory,

F5   **E5**   **G5 E5**
  It's all you got

F5   **E5**   **G5** **E5 F5**   **E5**   **G5**
  I know you'll be there to soak up blood lost

F5   **E5**   **G5**   **E5**
  Hold onto the memory,

F5   **E5**   **G5 E5**
  It's all you got

F5   **E5**   **G5** **E5 F5**   **E5**   **G5**
  I know you'll be there to soak up blood lost

        E5   **A5** *(let ring)*
Blood lost blood lost

Outro

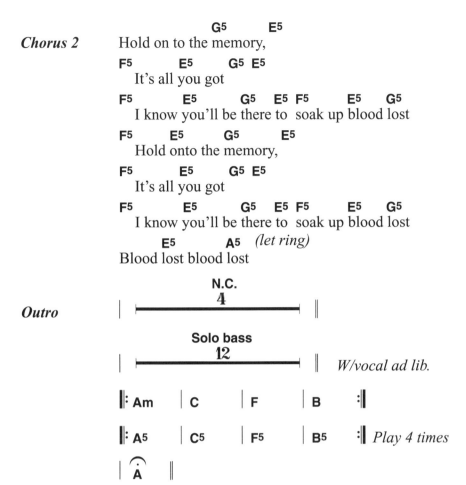

N.C.
4

Solo bass
12   *W/vocal ad lib.*

‖: Am | C | F | B :‖

‖: A5 | C5 | F5 | B5 :‖ *Play 4 times*

| A ‖

I Need A Man

Words & Music by A. Lennox & D.A. Stewart

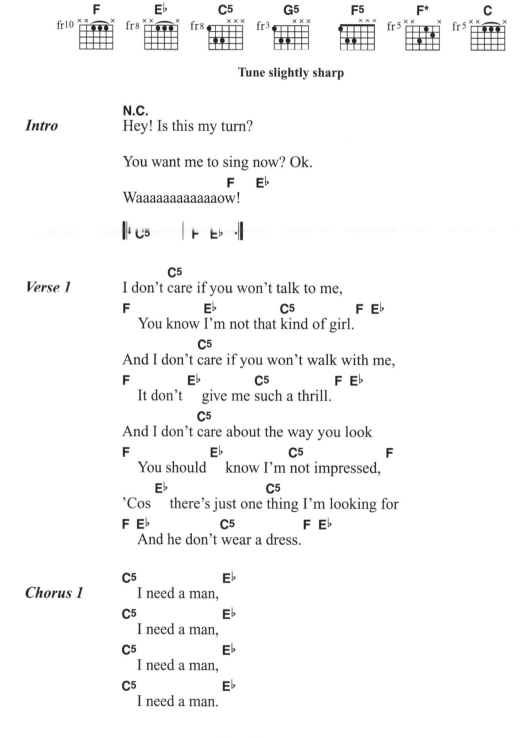

Tune slightly sharp

Intro

N.C.
Hey! Is this my turn?

You want me to sing now? Ok.
     F **E♭**
Waaaaaaaaaaaaaow!

Verse 1
     C5
I don't care if you won't talk to me,
F   **E♭**   **C5**   **F E♭**
 You know I'm not that kind of girl.
     C5
And I don't care if you won't walk with me,
F   **E♭**   **C5**   **F E♭**
 It don't give me such a thrill.
     C5
And I don't care about the way you look
F   **E♭**   **C5**   **F**
 You should know I'm not impressed,
   E♭   **C5**
'Cos there's just one thing I'm looking for
F E♭   **C5**   **F E♭**
 And he don't wear a dress.

Chorus 1
C5   **E♭**
 I need a man,
C5   **E♭**
 I need a man,
C5   **E♭**
 I need a man,
C5   **E♭**
 I need a man.

Verse 2

C5
Baby, ba-ba-baby don't you shave your legs,

F   E♭   C5   F E♭
   Don't you   double comb your hair.

                    C5
   Don't powder puff, just leave it rough

F E♭   C5
   I like your fingers bare.

F   E♭   C5
   When the night comes down   I can turn it round,

F   E♭   C5
   I can take you anywhere.

F E♭   C5
   I don't need love, forget that stuff,

F E♭   C5   F E♭
   You know that I don't care.

Chorus 2

          C5   F   E♭
I need a man,

          C5   F   E♭
I need a man,

          C5   F   E♭
I need a man,

          C5   F   E♭
I need a man.

Bridge

C5
I don't need a heartbreaker

          G5   F5
Fifty-faced trouble mak - er

Two timing time taker

Dirty little money maker,

C5
Muscle bound cheap-skate

          G5   F5
Low-down woman hat - er

Triple crossing, double dater

Yella bellied alligator.—

Link   ‖: C5 F* | F* C F* C :‖ *Play 4 times*

Verse 3

C5
I don't care if you won't talk to me,

You know I'm not that kind of girl.

And I don't care if you won't walk with me,

It don't give me such a thrill.

And I don't care about the way you look
F   E♭   C5
　You should　know I'm not impressed,
F   E♭   C5
　'Cos there's　just one thing I'm looking for
F E♭   C5   F E♭
　And he don't wear a dress.

Chorus 3

N.C.
I need a man,

Leave me alone,

I need a man,

Don't take me home

I need a man,
　　　　　　　　　　　　　C F*
Baby, you're just over-blown.

Outro

‖: C5 F* │ F* C F* C :‖ *Play 4 times*
C   F* C F*   C
　Hey boy, c'mon!
C F*   C   F* C F* C
　I'll take you anytime.
C   F* C
　Woo!

‖: C5 F* │ F* C F* C :‖

‖: C5 F* │ F* C F* C :‖
Ba-ba-ba-ba-ba-ba-ba-ba-baby!

‖: C5 F* │ F* C F* C :‖ *Repeat to fade*

I Should've Known

Words & Music by Aimee Mann

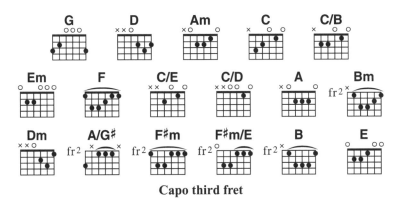

Capo third fret

Intro   N,C (Instrumental ad-lib)

| G | D | Am | C | C |

Verse 1

| C C/B   Am |
I should thank you almost

| Em   D   C |
No one could kill it off un - til you bled it.

| C/B Am |
But I got   rid of that ghost

| Em   D   C |
Though certain habits still remain im - bedded.

| C/B Am |
With the   shadow of a doubt

| Em   D   C |
But baby it was you who fed it,

| F   C/E |
And I don't know what else to say

| C/D   C |
But I think you get it.

Chorus 1

```
                        G    D
            I should've known
              Am                   C
            It was coming down to this.
                       G    D
            I should've known
                    Am                      C
            You would be - tray me but without the kiss.
                     G    D
            I should've known
                Am              C
            The kind of set-up it is.
```

Verse 2

```
            C          C/B  Am
              And al - ways isn't always
            Em                              D          0
                When it's not your photograph that I've been keeping,
                       C/B  Am
            But you still  live in those days
            Em                          D          C
                When I'd stay awake just to watch you sleeping.
                   C/B Am
            You de - livered that blow
            Em                          D          C
                But it left a mark on me that you're not seeing.
                  F                       C/E
            And I don't know what else you hear
                     C/D    C
            But it's not me weeping.
```

Chorus 2   As Chorus 1

Bridge

```
            A
            I should've seen the cracks in the ceiling
                      Em
            And the mirror covered up with dust,
            Bm          A            D
            But I was busy talking on the phone
              Dm                      A    A/G♯
            I should've seen the obstacles but I said,
                   F♯m        F♯m/E   D
            "This house was built for us"
            Bm      G          Bm
            Hello— is anybody home?
```

Instrumental ‖: F♯m | B | G | Bm |

| A | Bm | G | D :‖

Chorus 3

               A   E
I should've known
       Bm   D
The minute that we hit the wall
               A   E
I should've known
       Bm   D
The writing was upon the stall
               A   E
I should've known
        Bm   D
'Cos Rome was starting to fall

Outro ‖: F♯m | B | G | Bm :‖ *Play 7 times*

| F♯m | B | C | Em ‖

| A⌢ ‖

I Say Nothing

Words & Music by Tracey Kennedy & Mike Jones

Intro ‖: D | G | A | G :‖

Verse 1
               D
I heard a girl one day,
              G
She had these long tight legs,
          F
She said "I get it every night,
         A7
And he calls me every day."
           D
He'll leave you black and blue
           G
He'll rip you right in two,
        F
He'll wake up in the morning and say,
 A7
Who the hell are you?

Pre-chorus 1
E5   G5   A5
  And then she turned to me and says "We know you.
E5   G5   A5
  Tell us some secrets, honey. We won't say a word."

Chorus 1

         D   **G**
But I say nothing, I talk to no-one.

    A   **G**
I know what I believe. Don't need to wear it on my sleeve.

         D   **G**
I talk to no-one, I will say nothing.

      A   **G**
If we come and go alone, why do they need to know?

Link 1 | **D** | **G** | **D** | **G** |

Verse 2

               D
The boy who's always mad.

       G
He's just alone and sad.

     F
He holds my hand so tightly.

        A⁷
He says "Go away, I'm bad."

          D
I'll leave you black and blue

         G
I'll rip your heart in two.

     F
But it is just because

        A⁷
I do not know how to be true.

Pre-chorus 2

E⁵   **G⁵**   **A⁵**
   That's why I sometimes stand alone at parties.

E⁵   **G⁵**   **A⁵**
   That's why I drink, so I'll be who they think I am.

Chorus 2

            D   **G**
But don't say nothing. Don't talk to no-one.

      A   **G**
I'm not what they believe, and if they find out they will leave.

          D
Don't talk to no-one,

         G
Just don't say nothing.

      A   **G**
If we come and go alone, why do they need to know?

Bridge

    Am   **D7**
Ar - cades——

Am   **D7**
All those endless days of all those sci-fi slaves.

    Am   **D7**
The noise is just a drag until you say close your eyes,

    Am
And listen——

      D7
They're singing just for you

   Am
It's swinging just for you

   D7
It's screaming just for you.

Instrumental ‖: D | G | A | G   :‖

Link 2

D   **G**
I'll say nothing.

A   **G**
I'll talk to no-one.

Verse 3

           D
There is a place somewhere

              G
Sometimes you'll find me there

    F
And if I am alone

        A7
I will be sitting on the stairs.

        D
I'll be as good as new.

         G
One of the lucky few,

    F
Who's laughing at the joke,

        A7
And as I leave I laugh for you.

Chorus 3

         E   A
But I say nothing, I talk to no-one.

  B   A
I know what I believe. Don't need to wear it on my sleeve.

         E   A
I talk to no-one, I will say nothing.

    B   A   E
If we come and go alone, then what's the point of trying that ar - cade?

| N.C. | N.C. |

Outro

E   A
I'll say nothing.

B   A
I'll talk to no-one.

E   A
I will say nothing.

B   A   E
I'll talk to no-one, but you.

‖: E | A | B | A :‖

| E͡ ‖

I Wanna Be Your Joey Ramone

Words & Music by Corin Tucker, Carrie Brownstein & L. MacFarlane

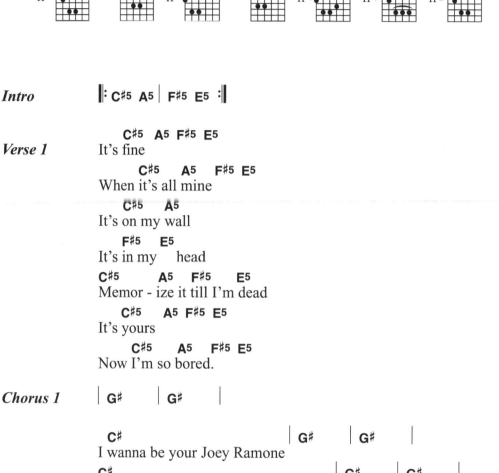

Intro ‖: C#5 A5 | F#5 E5 :‖

Verse 1

      C#5 A5 F#5 E5
It's fine

        C#5   A5   F#5 E5
When it's all mine

      C#5   A5
It's on my wall

    F#5   E5
It's in my   head

C#5   A5   F#5   E5
Memor - ize it till I'm dead

      C#5   A5 F#5 E5
It's yours

       C#5   A5   F#5 E5
Now I'm so bored.

Chorus 1 | G# | G# |

     C# | G# | G# |
I wanna be your Joey Ramone

C# | G# | G# |
Pictures of me on your bedroom door

C# | G# | G# |
Invite you back after the show

C#
I'm the queen of rock and roll.

Verse 2

     C#5   A5   F#5 E5
I just don't care

      C#5   A5   F#5 E5
Are you that scared?

     C#5   A5   F#5   E5
I swear they're looking right at   me

cont.

      C♯5   **A5**   **F♯5** **E5**
Push to the front so I can   see

      C♯5   **A5**   **F♯5** **E5**
It's what I thought

       C♯5   **A5** **F♯5** **E5**
It's rock'n'roll.

Chorus 2

| **G♯** | | **G♯** | |

   C♯   **G♯**   **G♯**
I wanna be your Thurston Moore

C♯   **G♯**   **G♯**
Wrestle on the bedroom floor

C♯   **G♯**   **G♯**
Always leave me wanting more

C♯
Throw away those old records.

Bridge

 C♯5 **F♯5**   **B5**   **F♯5**
            We go down - town

 C♯5 **F♯5**   **B5**   **F♯5**
            Put on your best frown

 C♯5 **F♯5** **B5**   **F♯5**
            Give me a chance

 C♯5 **F♯5**   **B5** **F♯5**
            I know I can dance.

Chorus 3

| **G♯** | | **G♯** | |

   C♯   **G♯**   **G♯**
I wanna be your Joey Ramone

C♯   **G♯**   **G♯**
Pictures of me on your bedroom door

C♯   **G♯**   **G♯**
Invite you back after the show

C♯
I'm the queen of rock and roll.

Outro

      C♯5 **A5** **F♯5** **E5**
It's fine

       C♯5   **A5**   **F♯5** **E5**
'Cos it's all mine.——

If It Makes You Happy

Words & Music by Sheryl Crow & Jeffrey Trott

G   Gsus2/4   C   D   Am   Em

Intro

| G | Gsus2/4 | G | Gsus2/4 ‖

Verse 1

      G   Gsus2/4
I belong

            G   Gsus2/4
A long way from here,

G   Gsus2/4
Put on a poncho, played for mosquito's

         G   C
And drank till I was thirsty a - gain.

         G   Gsus2/4
We went searching

               G   Gsus2/4
Through thrift store jungles,

         G   Gsus2/4
Found Ge - ronimo's rifle, Marilyn's shampoo,

       G   C
And Benny Goodman's corset and pen.

              D
Well ok, I made this up

   C   D
I promised you I'd never give up.

Chorus 1

N.C   Am
If it makes you happy,

C   G   D
   It can't be that bad.

               Am
If it makes you happy,

C   G
   Then why the hell are you so sad?

Interlude   ‖ Gsus2/4 ‖ G   ‖ Gsus2/4 ‖

                        G   Gsus2/4
Verse 2   You get down,

                        G   Gsus2/4
               Real low down.

                   G   Gsus2/4
               You listen to Coltrane, derail your own train

                   G   C
               Well who hasn't been there be - fore?

                   G   Gsus2/4   G   Gsus2/4
               I come round, around the hard way.

                        G   Gsus2/4
               Bring you comics in bed,

               Scrape the mould off the bread

                                             C
               And serve you French toast a - gain.

                            D
               Well ok, I still get stoned,

                   C   D
               I'm not the kind of girl you'd take home.

Chorus 2   As Chorus 1

                              Am
Chorus 3   If it makes you happy,

               C   G   D
                 It can't be that bad.

                              Am
               If it makes you happy,

               C   Em ‖ Em
               Then why the hell are you so sad?

Interlude   ‖ Am   ‖ Am   ‖ Em   ‖ Em   ‖

               ‖ C   ‖ C   ‖ G   ‖ Gsus2/4 ‖ G   ‖ Gsus2/4 ‖

99

Verse 3

       G   **Gsus2/4**
We've been far,

        G **Gsus2/4**
Far away from here,

G   **Gsus2/4**
Put on a poncho, played for mosquito's

  G   **C**
And everywhere in be - tween,

        D
Well ok, we get a - long,

  C   **D**
So what if right now everything's wrong?

Chorus 4 As Chorus 1

          Am
Chorus 5 If it makes you happy,

   C   **G** **D**
  It can't be that bad.

        Am
If it makes you happy,

   C   **G**
  Then why the hell are you so sad?

Outro | **Am** | **C** | **G** | **D** |

      | **Am** | **C** ||: **G** | **Gsus2/4** :|| *Play 3 times*

Just A Girl

Words & Music by Gwen Stefani & Tom Dumont

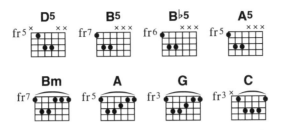

Intro   ‖: D5 B5 B♭5 A5 :‖ *Play 4 times*

Verse 1

D5 B5   B♭   A5   D5   B5 B♭5
Take this pink ribbon off my eyes,

A5   D5   B5   B♭5   A5   D5   B5 B♭5
I'm ex - posed   and it's no big sur - prise.

A5   D5   B5   B5   A5   D5   B5 B♭5
Don't you think I know ex - actly where I stand?

A5   D5   B5   B♭5   A5   D5   B5 B♭5 A5
    This world is forcing me to hold your hand.

Chorus 1

        Bm   A   G   A
'Cause I'm just a girl, oh little old me,

        Bm   A   G   A
Well don't let me out of your sight,

    Bm   A   G   A
Oh I'm just a girl, all pretty and pe - tite

        Bm   A   G   A
So don't let me have any rights.

G   C   D5   B5 B♭5 A5 │ D5 B5 B5 A5 │
Oh I've had it up to here!

Verse 2

    D5   B5 B♭5 A5   D5   B5
The moment   that I step out - side

B♭5 A5   D5   B5   B♭5 A5   D5   B5
So many reasons   for me to run and hide.

B♭5   A5   D5   B5 B♭5 A5   D5   B5
I can't do the little things   I   love so dear,

B♭5 A5   D5   B5   B♭5   A5 B5 B♭5 A5
It's all those litttle things,   that I fear.

Chorus 2

            Bm   A   G   A
'Cause I'm just a girl I'd rather not be

            Bm   A   G   A
'Cause they won't let me drive late at night.

    Bm   A   G   A
Oh I'm just a girl, guess I'm some kind of freak

            Bm   A   G   A
'Cause they all sit and stare with their eyes.

    Bm   A   G   A
Oh I'm just a girl, take a good look at me

            Bm A   G   A
Just your typical proto - type.

G   C
Oh I've had it up to here!

Interlude

‖: Bm | A | G | A   :‖ *Play 4 times*

G   C   D5   B5 B♭5 A5 | D5 B5 B♭5 A5 |
Oh, am I making myself clear?

Verse 3

D5 B5   B♭5 A5 D5 B5   B♭5 A5
I'm just a girl,

D5 B5 B♭5 A5   D5   B5   B♭5 A5
I'm just a girl in the world,

       D5 B5   B♭5 A5 D5 B5   B♭5 A5
That's all that you'll let me be!_____

Chorus 3

     Bm   A   G   A
Oh I'm just a girl living in captiv - ty

            Bm   A   G   A
Your rule of thumb makes me worry some.

     Bm   A G   A
Oh I'm just a girl, what's my des - tiny?

           Bm   A   G   A
What I'm succumbed to is making me numb.

Chorus 4

     Bm   A   G   A
Oh I'm just a girl, my apolo - gies,

           Bm   A   G   A
What I've become is so burden - some.

     Bm   A G   A
Oh I'm just a girl, lucky me,

         Bm   A   G   A
Tweedle-dum, there's no compari - son.

G   C
Oh, I've had it up to,

G   C
Oh, I've had it up to,

G   C   Bm
Oh, I've had it up to here!

Love Your Money

Words & Music by Crispin Gray

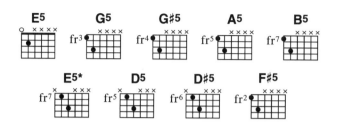

Intro ‖ **Drums** ‖

| **E5** **G5** **G#5** **E5** | **G#5** **A5** **B5** | **E5** **G5** **G#5** **E5** | **G#5** **A5** **B5** |

| **E5** **G5** **G#5** **E5** | **G#5** **A5** **B5** | **N.C.** | **N.C.** |

Verse 1

E5 G5 G#5   E5   G#5 A5 B5
We love you, yeah…
E5 G5   G#5 E5   G#5 A5 B5
We love what you've got and you've got it   truly,
     E5 G5 G#5 E5   G#5 A5 B5
You're talented kids and we mean it, really.

| **E5** **G5** **G#5** **E5** | **G#5** **A5** **B5** | |

Verse 2

E5 G5 G#5   E5   G#5 A5 B5
We love your sound,
E5 G5 G#5 E5   G#5 A5 B5
The way you look, so we say sin-cerely:
     E5 G5 G#5 E5   G#5   A5 B5 | N.C. | |
You're natural   stars and we mean it, really.

Chorus 1

E5* D5   E5*   A5 G5 A5
We love your money,
E5* D5 E5*   A5 G5 A5
Love your money.
E5* D5   E5*   A5 G5 A5
We love your money,
B5 N.C.
Love, love, love, love all your money.

Link | E5 G5 G#5 E5 | G#5 A5 B5 | E5   G5 G#5 E5 | G#5 A5 B5 |
                                              Yes we do!

          | E5 G5 G#5 E5 | G#5 A5 B5 | N.C. | N.C. |

              E5   G5   G#5 E5 G#5 A5   B5
Verse 3   We love you, yeah,
            E5   G5   G#5 E5 G#5 A5 B5
            Place your trust in us   completely,
                  E5 G5   G#5 E5   G#5 A5   B5
            You'll sell worldwide and we mean it, really.

            | E5 G5 G#5 E5 | G#5 A5 B5 |

              E5   G5   G#5   E5 G#5 A5   B5
Verse 4   We love your songs,
            E5   G5   G#5   E5   G#5 A5 B5
            Shape your image and we'll all   be groovy,
            E5 G5 G#5 E5   G#5 A5 B5 | N.C. |
            Sign right here and we'll all   be wealthy.

Chorus 2   As Chorus 1

            E5* D5 E5* A5 G5   A5
Chorus 3 We   love you   so,
            E5* D5 E5*   A5 G5 A5
            Love   your de - mo.
            E5* D5 E5* A5 G5   A5
            We   love you   so,
            B5 N.C.
            Love, love, love, love all your money.

Instrumental | B5 A5 B5 | B5   A5 B5 | B5 A5 B5 | B5   A5 B5 |

               | B5 A5 B5 | B5   A5 B5 | B5 A5 B5 | B5   A5 B5 |

               | B5 A5 B5 | B5   A5 B5 | B5 A5 B5 | B5   A5 B5 |

               | E5* D5 E5* | A5   G5 A5 ‖

E5* D5 E5*   A5 G5 A5
We love your money,

E5* D5 E5*   A5 G5 A5
Love your money.

B5 A5 B5   A5 B5
Love, love, love, love,

B5 A5 B5   D5 D#5
All   your   money.

E5* D5   E5*   A5 G5 A5
We love your money,

E5* D5   E5*   A5 G5 A5
Love your money.

E5* D5   E5*   A5 G5 A5
We love your money,

B5 N.C.
Love, love, love, love all your money,

B5 N.C.
Love, love, love, love all your money,

B5 N.C.
Love, love, love, love all your money,

B5   A5   G#5 F#5 A5 G#5 E5
Love, love, love, love all your money, yeah…

Lucky Number

Words & Music by Lene Lovich & Leslie Chappell

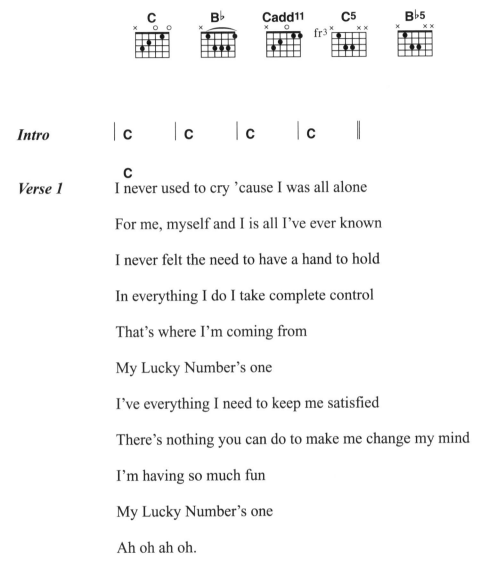

Intro | C | C | C | C ||

Verse 1

C

I never used to cry 'cause I was all alone

For me, myself and I is all I've ever known

I never felt the need to have a hand to hold

In everything I do I take complete control

That's where I'm coming from

My Lucky Number's one

I've everything I need to keep me satisfied

There's nothing you can do to make me change my mind

I'm having so much fun

My Lucky Number's one

Ah oh ah oh.

Link 1

| Bb | Bb | Bb | Bb | |

| C | C | ||

Verse 2

C
I now detect an alien vibration here

There's something in the air besides the atmosphere

The object of the action is becoming clear

An imminent attack upon my heart I fear

The evidence is strong

My Lucky Number's wrong

Ah oh ah oh.

Link 2

| Bb | Bb | Bb | Bb | ||

Cadd11   *(Let ring for 2 bars)*

Bridge

C5   Bb5
Something tells me my Lucky Number's gonna be changing soon
C5   Bb5
Something tells me Lucky Number's gonna be.——

Verse 3

C
You certainly do have a strange effect on me

I never thought that I could feel the way I feel

There's something in your eyes gives me a wild idea

I never want to be apart from you my dear

I guess it must be true

My Lucky Number's two

cont.   This rearrangement suits me now I must confess

The number one was dull and number two is best

I wanna stay with you

My Lucky Number's two

Ah oh ah oh.

Link 3 | B♭ | B♭ | B♭ | B♭   ‖

Cadd11   *(Let ring for 2 bars)*

Outro   ‖: Number two, :‖ *Repeat to fade*

Magic Man

Words & Music by Ann Wilson & Nancy Wilson

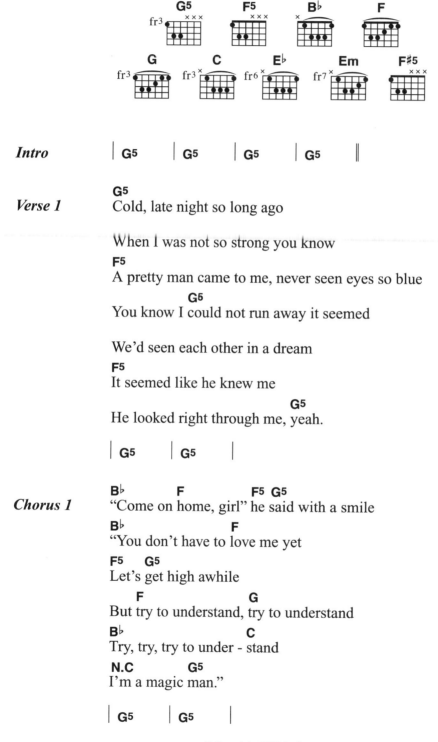

Intro | G5 | G5 | G5 | G5   ‖

Verse 1

G5
Cold, late night so long ago

When I was not so strong you know
F5
A pretty man came to me, never seen eyes so blue
G5
You know I could not run away it seemed

We'd seen each other in a dream
F5
It seemed like he knew me
G5
He looked right through me, yeah.

| G5 | G5 |

Chorus 1

Bb   F   F5 G5
"Come on home, girl" he said with a smile
Bb   F
"You don't have to love me yet
F5   G5
Let's get high awhile
          F   G
But try to understand, try to understand
Bb   C
Try, try, try to under - stand
N.C   G5
I'm a magic man."

| G5 | G5 |

Verse 2

G5
Winter nights we sang in tune

Played inside the months of moon
F5
Never think of never

Let this spell last forever.
    G5
Well summer over passed to fall

Tried to realise it all
F5
Mama says she's worried,
        G5
Growing up in a hurry, yeah.

| **G5** | **G5** | |

Bb   **F**   **F5 G5**

Chorus 2   "Come on home, girl" ma - ma cried on the phone
        Bb   **F**   **F5**   **G5**
"Too soon to lose my baby yet my girl should be at home!"
     F   **G**
But try to understand, try to understand
Bb   **C**
Try, try, try to under - stand
  N.C   **G5**
He's a magic man, mama

Ah, he's a magic man.

| **G5** | **G5** | |

Instrumental 1 | **G5** | **G5** | **G5** | **G5** | ‖

Chorus 3

B♭   **F**   **F5 G5**
"Come on home, girl" he said with a smile

    B♭   **F**   **F5**   **G5**
"I cast my spell of love on you a woman   from a child!"

     F   **G**
But try to understand, try to understand,

E♭ Em F   G
Oh, oh, try, try to understand,

B♭   **C**
Try, try, try to under - stand

N.C   **G5**   **F5 G5**
He's a ma - gic man, oh yeah.

       F5   **G5**
Oooh, you got magic hands.—

Instrumental 2 ‖: **G5** | **G5 F5** :‖ *Play 6 times*

| **G5** | ²⁄₄ **G5** |

(1 bar fill)

⁴⁄₄ ‖: **G5** | **G5 F5** :‖ *Play 8 times*

| **G5** | ²⁄₄ **G5** |

(1 bar fill)

Instrumental 3 | N.C | N.C   F5 F♯5 G5 | G5   N.C | N.C |

| G5   N.C | N.C   F5 F♯5 G5 | G5   N.C | N.C   ‖

‖: G5 | G5 F5 :‖ *Play 8 times*

| G5 | $\frac{2}{4}$ G5 | (1 bar fill)

‖: F5   :‖ *Play 4 times*

             B♭   F   F5 G5

Chorus 4   "Come on home, girl" he said with a smile

             B♭   F

             "You don't have to love me yet

             F5   G5

             Let's get high awhile"

                  F   G

             But try to understand, try to understand

             B♭   C

             Try, try, try to under - stand

             N.C   B♭ F B♭   F

             He's a magic man, yeah.

             B♭   F

               Oh!

Mandinka

Words & Music by Sinead O'Connor

E   B   A   C   D   G   Aadd9

Intro

‖: N.C. E | B   A | N.C. | N.C. |

| N.C. E | B   A | N.C. | N.C.   :‖

Verse 1

N.C.   E   B   A   B
I'm dancing the seven veils,
E   B   A   B
Want you to pick up my scarf.
E   B   A   B
See how the black moon fades,
E   B   A   B
Soon I can give you my heart.
C   D   E
     Ooh._____
C   D   E
     Eee-hee._____

Chorus 1

          G
I don't know no shame,

I feel no pain,
    A   E
I can't____ see the flame.
      Aadd9   E
But I do know Mandinka,
    Aadd9   E
I do know Mandinka,
      Aadd9   E
I do know Mandinka,
      Aadd9   E
I do…

Instrumental | N.C. E | B   A | N.C. | A   B |

                   | N.C. E | B   A | N.C. | A   B |

                           E   **B**   **A**   **B**

Verse 2   They're throwing it all this way,

            E   **B**   **A**   **B**

Dragging it back to the start.

                    E   **B**   **A**   **B**

And they say, "See how the glass is raised?"

            E   **B**   **A**   **B**

I have refused to take part.

            C   **D**   **E**

     I told them, "Drink something new,"

                 C   **D**   **E**

Please_____ let me pull something through.

                    G

Chorus 2   I don't know no shame,

I feel no pain,

        A

I can't…

            G

I don't know no shame,

I feel no pain,

        A   **E**

I can't see the flame.

         Aadd9   **E**

But I do know Mandinka,

       Aadd9   **E**

I do know Mandinka,

       Aadd9   **E**

I do know Mandinka,

       Aadd9   **E**

I do…

Coda

      Aadd9   **E**
I do…
      Aadd9   **E**
I do…
          Aadd9
I said, I do…
                  E
Soon I can give you my heart.
          Aadd9
I swear I do…
                  E
Soon I can give you my heart.
    Aadd9   **E**
I do, Mandinka.
Aadd9   **E**
Soon I can give you my heart.
Aadd9   **E**
Soon I can give you my heart.
Aadd9   **E**
Soon I can give you my heart.   *To fade*

Maps

Words & Music by Karen O, Nicholas Zinner & Brian Chase

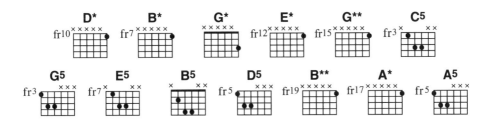

Intro | D* | D* | D* | D* |

| D* | D* | D* | D* ‖

Verse 1

    B*   **G***
Pack up, I'm straight,
    B*   **D***
I'm not, oh say, say, say
    B*
Oh say, say, say
    G*
Oh say, say, say
    E*
Oh say, say, say,
    G**
Oh say, say, say.

Chorus 1

C5   **G5**
Wait, they don't love you like I love you,
E5   **G5**
Wait, they don't love you like I love you,
C5   **B5**
Ma - a - a - a - a - a - a - a - a - a - a - ps,
D5   **G5**
Wait, they don't love you like I love you.

Link 1 | B** A* | G** | E* D* | G**   ‖

B*   **G***

Verse 2   Made off, don't stray,

        B*

Well my kind's your kind

    D*

I'll stay the same.

      B*   **G***

Pack up, don't stray

     E*

Oh say, say, say,

    G**

Oh say, say, say.

C5   **G5**

Chorus 2   Wait, they don't love you like I love you,

E5   **G5**

Wait, they don't love you like I love you,

C5   **B5**

Ma - a - a - a - a - a - a - a - a - a - a - ps,

D5   **G5**

Wait, they don't love you like I love you,

C5   **G5**

Wait, they don't love you like I love you,

E5   **G5**

Ma - a - a - a - a - a - a - a - a - a - a - ps.

C5   **B5**   **D5 G5**

Wait, they don't love you like I love you.

Solo | C5 | G5 A5 | C5 | G5 A5 |

| C5 | G5 A5 | C5 | B5 G5 |

| C5 | A5 D5 | G5 | G5 D5 |

| C5 | A5 D5 | G5 | G5 D5 ‖

C5   G5
Chorus 3   Wait, they don't love you like I love you,

E5   G5
Wait, they don't love you like I love you,

C5   B5
Ma - a - a - a - a - a - a - a - a - a - a - ps,

D5   G5
Wait, they don't love you like I love you.

C5   G5
Wait, they don't love you like I love you,

E5   G5
Ma - a - a - a - a - a - a - a - a - a - a - ps.

C5   B5   D5 G5
Wait, they don't love you like I love you.

Outro | C5 | G5 A5 | C5 | G5 A5 |

| C5 | G5 A5 | C5 | B5 A5 G5 ‖

My Favourite Game

Words by Nina Persson
Music by Peter Svensson

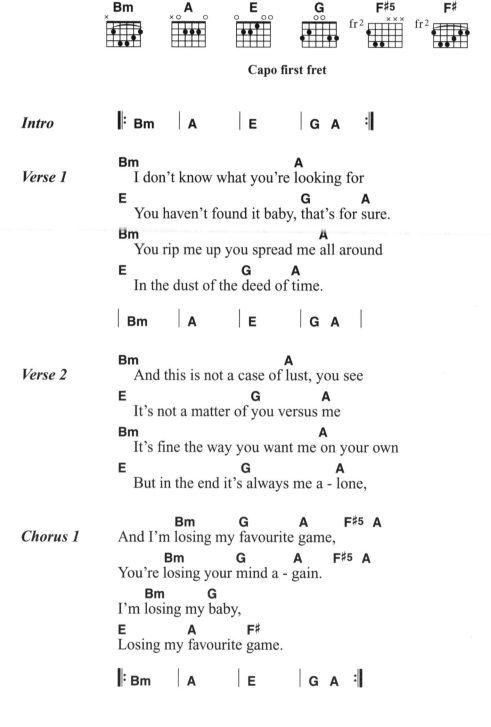

Capo first fret

Intro ‖: Bm | A | E | G A :‖

Verse 1
```
Bm                          A
I don't know what you're looking for
E                      G          A
You haven't found it baby, that's for sure.
Bm                         A
You rip me up you spread me all around
E                 G      A
In the dust of the deed of time.
```

| Bm | A | E | G A |

Verse 2
```
Bm                        A
And this is not a case of lust, you see
E                G          A
It's not a matter of you versus me
Bm                          A
It's fine the way you want me on your own
E                  G            A
But in the end it's always me a - lone,
```

Chorus 1
```
          Bm      G       A    F♯5  A
And I'm losing my favourite game,
          Bm      G       A    F♯5  A
You're losing your mind a - gain.
          Bm     G
I'm losing my baby,
E          A       F♯
Losing my favourite game.
```

‖: Bm | A | E | G A :‖

Verse 3

Bm   A
  I only know what I've been working for

E   G   A
  Another you so I could love you more,

Bm   A
  I really thought that I could take you there,

E   G   A
  But my experiment is not getting us anywhere.

| Bm | A | E | G   A   ‖

Verse 4

Bm   A
  I had a vision I could turn you right

E   G   A
  A stupid mission and a lethal fight

Bm   A
  I should have seen it when my hope was new

E   G   A
  My heart is black and my body is blue,

Chorus 2

    Bm   G   A   F#5 A
And I'm losing my favourite game,

      Bm   G   A   F#5 A
You're losing your mind a - gain.

   Bm   G   A   F#5 A
I'm losing my favourite game,

      Bm   G   A   F#5 A
You're losing your mind a - gain.

    Bm   G   E   A   F#
I'm losing my baby, losing my favourite game.

| Bm | A | E | G   A   ‖

   Bm
I'm losing my favourite game,

You're losing your mind again.

I've tried but you're still the same,

      G
I'm losing my baby

   E   A   F#
You're losing a saviour and a saint.

Outro   ‖: Bm | A | E | G   A :‖

Mulder And Scully

Words & Music by Cerys Matthews, Mark Roberts, Aled Richards, Paul Jones & Owen Powell

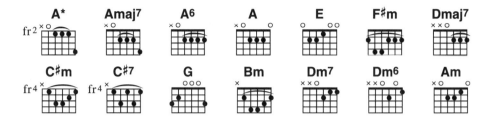

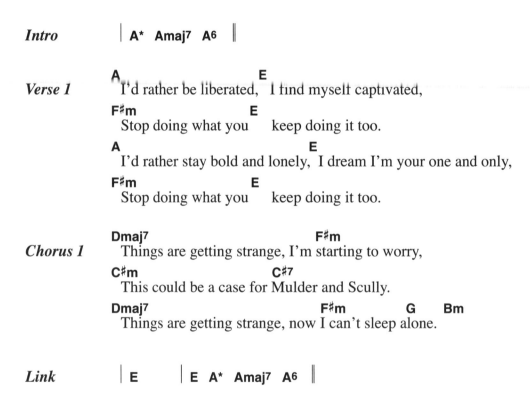

Intro | A* Amaj⁷ A⁶ ||

Verse 1
    A   E
I'd rather be liberated, I find myself captivated,
    F♯m   E
Stop doing what you   keep doing it too.
    A   E
I'd rather stay bold and lonely, I dream I'm your one and only,
    F♯m   E
Stop doing what you   keep doing it too.

Chorus 1
    Dmaj⁷   F♯m
Things are getting strange, I'm starting to worry,
    C♯m   C♯7
This could be a case for Mulder and Scully.
    Dmaj⁷   F♯m   G   Bm
Things are getting strange, now I can't sleep alone.

Link | E | E A* Amaj⁷ A⁶ ||

Verse 2

A   E
I'd rather be jumping ship,   I find myself jumping straight in,

F#m   E
Stop doing what you   keep doing it too.

A   E
Forever be dozy and dim,   I wake myself thinking of him,

F#m   E
Stop doing what you   keep doing it too.

Chorus 2

Dmaj7   F#m
Things are getting strange, I'm starting to worry

C#m   C#7
This could be a case for Mulder and Scully.

Dmaj7   F#m   C#m C#7
Things are getting strange, now I can't sleep alone   here.

Bridge

                     Dmaj7   Dm7
My bed is made for two and there's nothing I can do

                 Dm6   Am
So tell me something I don't know

                   Dmaj7   Dm7
If my head is full of you is there nothing I can do?

                 Dm6   Am   E
Must we all march in two by two by two?

Verse 3
    A   E   F♯m
And as for some happy ending, I'd rather stay single and thin,

                  E
Stop doing what you   keep doing to me.

Chorus 3
Dmaj⁷   F♯m
Things are getting strange, I'm starting to worry,
C♯m   C♯7
This could be a case for Mulder and Scully.
Dmaj⁷   F♯m   C♯m C♯7
Things are getting strange, now I can't sleep alone   here.

Chorus 4
Dmaj⁷   F♯m
Things are getting strange, I'm starting to worry,
C♯m   C♯7
This could be a case for Mulder and Scully.
Dmaj⁷   F♯m   G   Bm
Things are getting strange, now I can't sleep alone.

Coda
                                E
So what have you got to say about that?

And what does someone do without love?

And what does someone do with love?

And what have you got to say about that?

‖: E | E | E | E   :‖ *Repeat to fade*

Naked Eye

Words & Music by Jill Cunniff

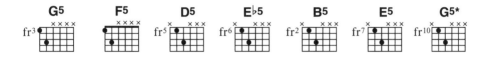

Chorus 1

G5   F5
   With my naked eye I saw

G5   F5
All the falling rain

           G5
Coming down on me,

     F5
With my naked eye

     D5
I saw all, if I said it all,

E♭5
   I could see.

Chorus 2   As Chorus 1

Verse 1

    B5   D5 E5
Last night I came into your home

To break some ice and throw some stones,
 B5   D5 E5
I asked if we could be alone,

I had some troubles of my own.
B5   D5   E5
Knew I had to say goodbye

To all the old things held inside,
B5   D5   E5
If I let the moment fly

I knew they'd all be magnified.

Chorus 3

```
G5* D5  B5
        With my naked eye
    G5*     D5     B5
I saw all the falling rain
                G5* D5
Coming down on mc,
B5
With my naked eye
    G5*     D5     B5
I saw all, if I said it all,

I could see.
```

Verse 2

```
    B5          D5        E5
It's not a choice I tried to make,

It's not a thought I couldn't take,
B5               D5      E5
Something told me it was time

To give you yours and leave me mine.
    B5           D5     E5
My vision started to be clear,

I watched the sunlight coming near.
    B5           D5       E5
I knew the day, I knew the night,

I knew I could regain my sight.
```

Bridge 1

```
G5* D5  B5                           G5* D5  B5
        And it feels alright,
G5* D5  B5                           G5* D5  B5
        And it feels alright.
```

Chorus 4   As Chorus 1

Chorus 5   As Chorus 1

	B5 D5 E5
Verse 3	Came around after dark,

You are nothing but a lark.
B5   **D5**   **E5**
Though I snuck in like a Narc,

I knew I had to leave my mark.
B5   **D5** **E5**
Wanted to be satisfied,

I tried to be dignified.
B5   **D5**   **E5**
Wearing nothing is divine,

Naked is a state of mind.

Bridge 2	As Bridge 1
Chorus 6	As Chorus 1
Chorus 7	As Chorus 1

	G5 F5 **G5 F5**
Bridge 3	It feels al - right,

                 G5 F5   **D5 E♭5**
                 It   feels   al - right,
                 G5 F5   **G5 F5**
                 It   feels   al - right,
                 G5 F5   **D5 E♭5**
                 It   feels   al - right.

Chorus 8	As Chorus 1	
Bridge 4	As Bridge 3	*To fade*

Nice Guy Eddie

Words & Music by Louise Wener

E   B   G#m   C#   E♭

Intro

| E | E | E | E |

| B | B E | B | B E |

| B | G#m E | B | B ‖

Verse 1

E   B
So I'll ad - mit that it all started as a scam
E   B
'Cos every girl wanted you and a year round tan.
     E   B
We know you're old but you're kind
     G#m   E
You're rich and your heart is dicky,
B
Yes I knew that you wanted me

Chorus 1

And he said
E
"Hey love how are you fixed
     G#m
We'll meet at   ten past now it's quarter to six
     C#
We'll spend the   whole night making love on the sofa."
     E♭
It may sound funny but he wasn't supposed to.

Interlude

| B | B E | B | B E ‖

Verse 2

    B
And then we both settled down to our favourite meal

E   **B**   **E**
"D'you fancy veal parmesan and a case of warm Chianti?"

B **E**   **G♯m**   **E**
   "Pass my bag, I picked up that bra you fancied"

B
   Yes I knew that you wanted me.

Chorus 2   As Chorus 1

          E♭
Middle   "It may sound funny it wasn't supposed to be.

E
Oh we knew it couldn't last

       B
And we should have left it long before

E
One great year, and one for luck

       B
And like all good things you soon want more.

        A
You were always so polite

        E   **C♯** | **C♯** |
I think I loved you, oh.

Interlude | **B** | **B** **E** | **B** | **B** **E** |

            | **B** | **B** **E** | **B** | **G♯m E** ‖

Chorus 3   And I said

E   G#m
"Hey love I'm making it easy on us

                                              C#
I'll leave, a few of our dreams turn to dust

All night making love on your sofa."
          E♭
And it may sound funny it wasn't supposed to.

                    E
Chorus 4   Summer ninety-two I remember it clearly
          G#m
When he choked on the olive in his dry martini
                    C#
There was   dismay from the friends he was close to
          E♭
And it may sound funny but it wasn't supposed to be.

Outro   𝄆 B | B E 𝄇 *Play 3 times*
              | ⌢
              | B   𝄁

130

On Top Of Your World

Words by Maria Andersson
Music by Maria Andersson & Josephine Forsman

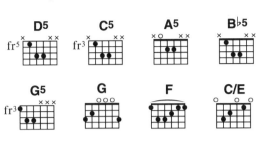

Intro

| D5 ‖

| D5 | C5 | A5 | A5 | D5 | C5 | A5 | A5 ‖

Verse 1

D5   C5
 Bang, banging the door
      A5
I just have to get out
D5   C5
 Sweet talk 'til I'm bored
      A5
Stop killing my time
D5   C5
You're way up in the air
     A5
Always flashing around
D5   C5
 It's all making me sick
       A5
But looking good from above.

Pre-chorus 1

     B♭5
Here comes the first attack
       G5
Five fingers to black it out
   B♭5
There's no turning back

I'm proud to say that
  C5
I'm paying the price,

I'm paying the price.

Chorus 1

D5   **C5**
I'm on top of your world

G   **F**   **C/E**
Once and for all and forever to be

   D5   **C5**
The one on top of your world

              G
I know you're out of the game

    F   **C/E**
Start spreading the word

     D5
Right now.

Verse 2

D5   **C5**
   Deep deeper and down

             A5
Doing all that I can

D5   **C5**
   Working harder than hard

               A5
Still you don't understand

D5   **C5**
   Every word that I speak

               A5
All the things that I do

D5   **C5**
   Got a problem with that?

               A5
Got a problem with you!

Pre-chorus 2

          B♭5
Here comes the first attack

              G5
Five fingers to black it out

      B♭5
There's no turning back

I'm proud to say that

    C5
I'm paying the price,

I'm paying the price.

	D5 C5
Chorus 2	I'm on top of your world

D5   **C5**

Chorus 2   I'm on top of your world

G   **F**   **C/E**
Once and for all and forever to be

    D5   **C5**
The one on top of your world

                 G
I know you're out of the game

      F   **C/E**
Start spreading the word

     D5
Right now

     B♭5
Right now.

              Gc
Bridge   Saying it's good to be back

             B♭5
Making it hard to forget

C5
Give in,

Get out

This time.

Chorus 3   As Chorus 1

Chorus 4   As Chorus 1

     D5   **C5**   **G**   **F**   **C/E**
Outro   I'm on top of your world

     D5   **C5**   **G**   **F**   **C/E**
       I'm on top of your world

     D5   **C5**   **G**   **F**   **C/E**
       I'm on top of your world

     D5   **C5**   **G**   **F**   **C/E**
       I'm on top of your world

         D5
Right now.

Our Lips Are Sealed

Words & Music by Terry Hall & Jane Wieldlin

A♭5   G♭5   D♭5   E   D♭   A   E♭

Intro

| A♭5 | G♭5 | D♭5 | D♭5 |

| A♭5 | G♭5 | D♭5 | D♭5 |

Verse 1

A♭5
Can you hear them?
　G♭5
They talk about us,
D♭5
Telling lies,

Well, that's no surprise.
　A♭5
Can you see them?
　G♭5
See right through them,
D♭5
　They have no shield,

No secrets to reveal.

Chorus 1

E　　　　　　　　　D♭
　It doesn't matter what they say,
A　　　　　　　　E♭　　　　A♭5
In the jealous games people play._____
D♭5　　　　　　　A♭5
　Our lips are sealed.

Verse 2

(A♭5)
There's a weapon
    G♭5
That we must use
  D♭5
In our defence:

Silence.
     A♭5
When you look at them,
     G♭5
Look right through them,
D♭5
That's when they'll disappear,

That's when we'll be feared.

Chorus 2   As Chorus 1

    E   **D♭**
Chorus 3   Pay no mind to what they say,
  A   **E♭**   **A♭5**
     It doesn't matter anyway._____
 D♭5   **A♭5**
    Our lips are sealed.

Instrumental | **A♭** | **A♭** | **A♭** | **A♭**   ‖

  A♭
Bridge   Hush, my darling,

Don't you cry.

Quiet, angel,

Forget their lies.

Verse 3   As Verse 1

Chorus 4   As Chorus 1

Chorus 5   As Chorus 2

                 D♭5   **A♭5**
Coda   Our lips are sealed,
                 D♭5   **A♭5**
                          Our lips are sealed.

Portions For Foxes

Words & Music by Jenny Lewis, Pierre De Reeder & Blake Sennett

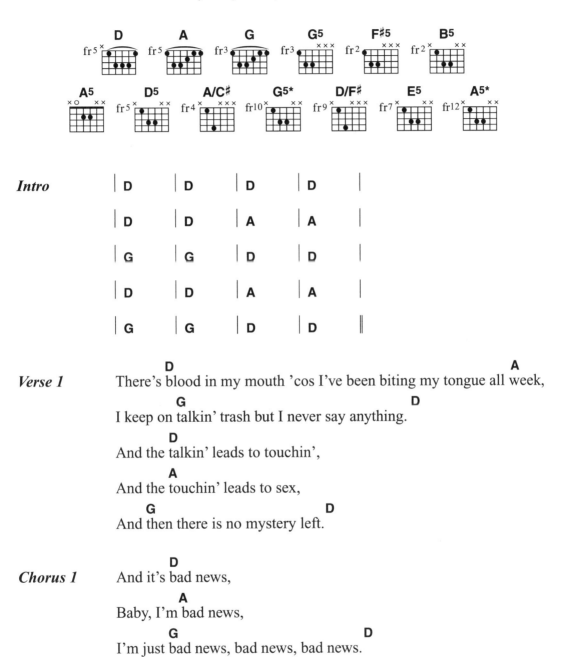

Intro

| D | D | D | D |

| D | D | A | A |

| G | G | D | D |

| D | D | A | A |

| G | G | D | D |

Verse 1

        D   **A**
There's blood in my mouth 'cos I've been biting my tongue all week,

        G   **D**
I keep on talkin' trash but I never say anything.

        D
And the talkin' leads to touchin',

        A
And the touchin' leads to sex,

        G   **D**
And then there is no mystery left.

Chorus 1

        D
And it's bad news,

        A
Baby, I'm bad news,

        G   **D**
I'm just bad news, bad news, bad news.

Link 1

| D | D | A | A |

| G | G | D | D |

Verse 2

     D   **A**
I know I'm alone if I'm with or without you,

        G   **D**
But just bein' around you offers me another form of relief.

        D
When the lonliness leads to bad dreams,

        A
And the bad dreams lead me to callin' you,

        G   **D**
And I call you and say "C'MERE!"

Chorus 2

        D
And it's bad news,

        A
Baby, I'm bad news,

        G   **D**
I'm just bad news, bad news, bad news

        D
And it's bad news,

        A
Baby it's bad news,

        G   **D**
It's just bad news, bad news, bad news.

Bridge

            G5   **F♯5 B5**   **A5**
'Cos you're just dam - age con - trol

      G5   **F♯5 B5**   **A5**   **D5**
For a walk - ing corpse like me - like you.

| **D5** | **A/C♯** | **G5*** | **D/F♯** | |

       D5   **A/C♯**
'Cos we'll all be

         G5*   **D/F♯**
Portions for foxes

       D5   **A/C♯**
Yeah we'll all be

         G5*   **D/F♯**
Portions for foxes.

| **E5** | **E5** | **A5*** | **A5*** | |

Link 2
| **D** | **D** | **D** | **D** | ‖ |

Verse 3

           D
There's a pretty young thing in front of you,

      A
And she's real pretty and she's real into you.

         G   **D**
And then she's   sleepin' inside of you,

      D
And the talkin' leads to touchin',

      A
And the touchin' leads to sex,

   G   **D**
And then there is no mystery left.

Chorus 3

      D
And it's bad news,

    A
I don't blame you

   G
I do the same thing

        D
I get lonely too.

      D
And you're bad news

         A
My friends tell me to leave you

     G   **D**
That you're bad news, bad news, bad news.

Outro

      D
You're bad news,

        G **A**
Baby, you're bad news.

      D
And you're bad news,

        G **A**
Baby, you're bad news.

      D
And you're bad news,

      G **A**
I don't care I like you.

      D
And you're bad news,

    G
I don't care I like you,

 A   **D**
I like you.

Pretend We're Dead

Words & Music by Donita Sparks

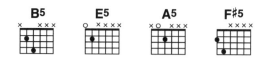

| B5 | E5 | A5 | F♯5 |

Intro ‖: B5 | E5 | A5 | F♯5 :‖

Play 8 times

Verse 1

B5   E5   A5   F♯5
What's up with what's going down

B5   E5   A5   F♯5
In every city, in every town?

B5   E5   A5   F♯5
Cramping styles is the plan,

B5   E5   A5   F♯5
They've got us in the palm of every hand.

Chorus 1

     B5   E5   A5   F♯5
When we pretend that we're dead,

     B5   E5   A5   F♯5
When we pretend that we're dead,

     B5   E5   A5   F♯5
They can't hear a word we've said,

     B5   E5   A5   F♯5
When we pretend that we're dead.

B5   E5   A5   F♯5
(C'mon, c'mon, c'mon, c'mon,)

B5   E5   A5   F♯5
(C'mon, c'mon, c'mon, c'mon,)

B5   E5   A5   F♯5
(C'mon, c'mon, c'mon, c'mon,)

B5   E5   A5   F♯5
(C'mon, c'mon, c'mon, c'mon.)

Verse 2

     B5   E5   A5 F♯5
Turn the tables with our unity,
     B5   E5   A5 F♯5
They're neither moral nor majority.
     B5   E5   A5   F♯5
Wake up and smell the coffee,
     B5   E5   A5 F♯5
Or just say no to in-di-vid-u-a-li-ty.

Chorus 2

              B5   E5   A5   F♯5
When we pretend that we're dead, (pretend we're dead)
              B5   E5   A5   F♯5
When we pretend that we're dead, (pretend we're dead)
              B5   E5   A5   F♯5
They can't hear a word we've said, (pretend we're dead)
             R5   E5   A5   F♯5
When we pretend that we're dead.

‖: F♯5 | F♯5 | F♯5 | F♯5   :‖

     B5   E5   A5   F♯5
C'mon, c'mon, c'mon, c'mon,
     B5   E5   A5   F♯5
C'mon, c'mon, c'mon, c'mon,
     B5   E5   A5   F♯5
C'mon, c'mon, c'mon, c'mon,
     B5   E5   A5   F♯5
C'mon, c'mon, c'mon, c'mon.

Chorus 3   As Chorus 2

Outro

          B5   E5 A5   F♯5
‖: (Dead)   (C'mon, c'mon, c'mon, c'mon)
        B5 E5 A5   F♯5
Dead... (pre-tend we're dead.) :‖ *Play 8 times*

141

Queens Of Noise

Words & Music by Billy Bizeau

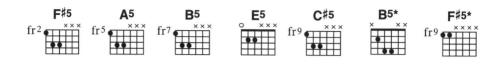

Intro

| F#5 | A5 | A5 B5 A5 B5 | A5 B5 A5 B5 |

| F#5 | A5 | A5 B5 A5 B5 | A5 B5 F#5 A5 |

| E5 | E5 |

Verse 1

    E5
With a pinch of rock and a dose of roll

I can warm you up if you get too cold,
    A5
I can bring you up when you're going down
    E5
I can smash your head all over this town.

Pre-chorus 1

B5   A5
  You gave me the answer,
B5   A5   C#5
  Now I got the answer, oh yeah.

Chorus 1

         F#5   B5* E5 B5*
'Cos we're the Queens of Noise,
F#5   B5* E5 B5*
  Come and get it boys,
F#5   B5* E5 B5*
Queens of Noise
F#5   B5* E5 B5*
  Not just one of your toys
F#5   B5* E5 B5*
Queens of Noise.

Link | F♯5 | A5 | A5 B5 A5 B5 | A5 B5 A5 B5 |

| F♯5 | A5 | A5 B5 A5 B5 | A5 B5 F♯5 A5 |

| E5 | E5 ||

Verse 2

   E5
I re - member you at our second show,

You were holding on and you wouldn't let go
   A5
And I bet you'll always be that way
   E5
When - ever you see us start to play.

Pre-chorus 2   As Pre-chorus 1

Chorus 2   As Chorus 1

Instr. | F♯5 | A5 | A5 B5 A5 B5 | A5 B5 A5 B5 |

| C♯5 | F♯5* | C♯5 | F♯5* |

| C♯5 | F♯5* | C♯5 | F♯5* ||

Chorus 3

   F♯5   B5*   E5 B5*
‖: Queens of Noise,
F♯5   B5*   E5 B5*
  Come and get it boys,
F♯5   B5*   E5 B5*
Queens of Noise
F♯5   B5*   E5 B5*
  Not just one of your toys
F♯5   B5*   E5 B5*
Queens of Noise. :‖ *Repeat to fade*

143

Queer

Words & Music by Shirley Manson, Steve Marker, Butch Vig & Duke Erikson

Em   C   Bm   Am   D   Gm   E6   Dm

Capo third fret

Intro   ‖: Em | C | Em | Bm :‖

Verse 1

N.C.
Hey boy take a look at me,

Let me dirty up your mind,

I'll strip away your heart from here,

And see what I can find.

Chorus 1

           Em
The queerest of the queer,

         C
The strangest of the strange,

       Am
The coldest to the cool,

       D
The lamest of the lame,

      C
The numbest of the dumb

     Am
I hate to see you here,

      C
You choke behind a smile

     D
A fake behind the fear.

          Em | C | Em | Bm |
The queerest of the queer.

| Em | C | Em | Bm ‖

Verse 2

Em
This is what he pays me for
C   Em Bm
 I'll show you how it's done.
  Em
You learn to love the pain you feel,
C   Em Bm
 Like father, like son.

Chorus 2

       Em
The queerest of the queer,
     C
Hide inside your head,
     Am
The blindest of the blind,
     D
The deadest of the dead.
       C
You're hungry 'cos you starve,
      Am
While holding back the tears,
    C
Choking on your smile,
    (D)
A fake behind the fear.
     Gm | E♭ | Gm | Dm |
The queerest of the queer.

| Gm | E♭ | Gm | Dm ‖

Middle

Gm   E♭
 I know what's good for you,

(You can touch me if you want).
Gm   Dm
 I know you're dying to,

(You can touch me if you want)
Gm   E♭
 I know what's good for you,

(You can touch me if you want)
Gm   Dm N.C
 But you can't stop.

Chorus 4

                  Em
The queerest of the queer,

                    C
The strangest of the strange,

                Am
The coldest of the cool

                D
The lamest of the lame.

                 Em
The numbest of the dumb,

             C
I hate to see you here,

                Am
You choke behind a smile

                Bm
A fake behind the fear.

                  Em
The queerest of the queer,

C   **Am**
  The strangest of the strange,

D   **C**
  The coldest of the cool.

Am   **C**
  You're nothing special here,

               N.C.
A fake behind the fear.

              Em | **C** | **Em** | **Bm** |
The queerest of the queer.

Outro   ‖: **Em** | **C** | **Em** | **Bm** :‖ *Repeat to fade (w/vocal ad lib.)*

Raised On Robbery

Words & Music by Joni Mitchell

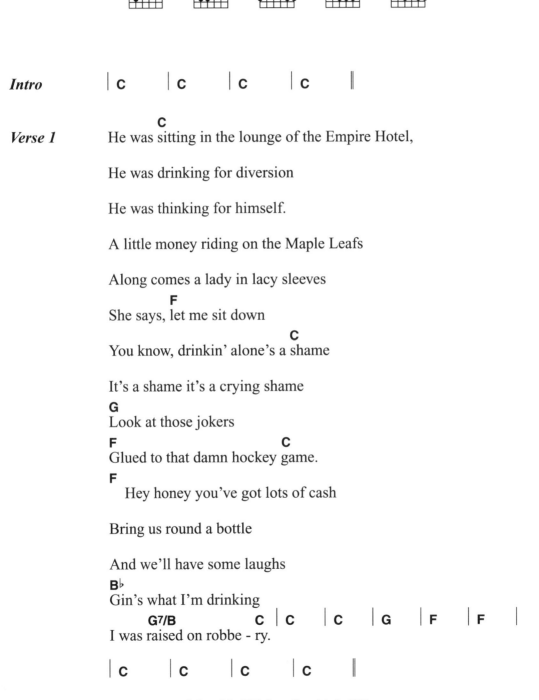

Intro | C | C | C | C ‖

Verse 1
         C
He was sitting in the lounge of the Empire Hotel,

He was drinking for diversion

He was thinking for himself.

A little money riding on the Maple Leafs

Along comes a lady in lacy sleeves
        F
She says, let me sit down
                   C
You know, drinkin' alone's a shame

It's a shame it's a crying shame
G
Look at those jokers
F   C
Glued to that damn hockey game.
F
    Hey honey you've got lots of cash

Bring us round a bottle

And we'll have some laughs
B♭
Gin's what I'm drinking
      G7/B   C | C | C | G | F | F |
I was raised on robbe - ry.

  | C | C | C | C ‖

Verse 2

       F
I'm a pretty good cook

                 C
I'm sitting on my groce - ries,

     G
Come up to my kitchen

      F   **C**
I'll show you my best reci - pe.

   F
I try and I try but I can't save a cent

I'm up after midnight cooking

Trying to make my rent.

    B♭
I'm rough but I'm pleasin'

     G⁷/B   **C**
I was raised on robbe - ry.

Interlude

C	**G**	**F**	**F**	
C	**G**	**C**	**C**	‖

Verse 3

      F
We had a little money once

                      C
They were pushing through a four lane highway

             G
Government gave us three thousand dollars

     F   **C**
You should have seen it fly a - way.

            F
First he bought a '57 Biscayne

He put it in the ditch

He drunk up all the rest

That son of a bitch

    B♭
His blood's bad whiskey

     G⁷/B   **C**
I was raised on robbe - ry.

Interlude | C | G | F | F |

| C | G | C | C ‖

Verse 4

                   F
You know you ain't bad looking

                         C
I like the way you hold your drinks

       G
Come home with me honey

        F   **C**
I ain't asking for no full length mink.

F
Hey, where you going?

Don't go yet

Your glass ain't empty and we just met

          B♭
You're mean when you're loaded

     G7/B   **C**
I was raised on robbe - ry.

Outro | C | G | F | F |

| C | G | C | C ‖

149

Race With The Devil

Words & Music by Adrian Gurvitz

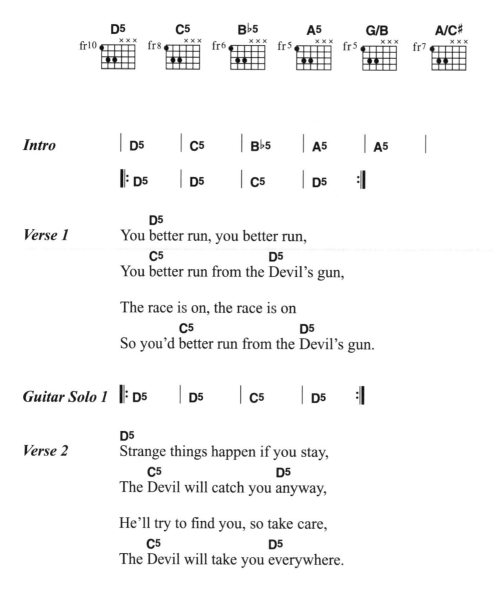

Intro | D5 | C5 | B♭5 | A5 | A5 |

‖: D5 | D5 | C5 | D5 :‖

Verse 1

D5
You better run, you better run,
C5   D5
You better run from the Devil's gun,

The race is on, the race is on
C5   D5
So you'd better run from the Devil's gun.

Guitar Solo 1 ‖: D5 | D5 | C5 | D5 :‖

Verse 2

D5
Strange things happen if you stay,
C5   D5
The Devil will catch you anyway,

He'll try to find you, so take care,
C5   D5
The Devil will take you everywhere.

Link 1　　　| **A5**　| **B♭5**　| **G/B**　| **C5**　　|

　　　　　　　| **A/C♯**　| **D5**　| **B♭5**　| **A5**　| **A5**　‖

Guitar Solo 2 ‖: **D5**　| **D5**　| **C5**　| **D5**　:‖ *Play 4 times*

Verse 3
　　　　　　　　　D5
　　　　　　And when he finds you you'll soon find out
　　　　　　　　C5　　　　　　**D5**
　　　　　　The Devil fire, it won't go out,

　　　　　　It burns you up and soon you'll know
　　　　　　　　C5　　　　　　**D5**
　　　　　　The Devil's grip just won't let go.

Link 2　　　| **A5**　| **B♭5**　| **G/B**　| **C5**　　|

　　　　　　　| **A/C♯**　| **D5**　| **B♭5**　| **A5**　| **A5**　‖

Guitar Solo 3 ‖: **D5**　| **D5**　| **C5**　| **D5**　:‖ *Repeat to fade*

Right Hand Man

Words & Music by
Eric Bazilian, Robert Hyman, Richard Chertoff, Joan Osborne & Don Van Vliet

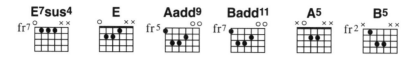

Intro   ‖: E7sus4 E :‖ *Play 8 times*

Verse 1

E7sus4   E
Let me use your tooth - brush

      E7sus4   E
Have you got a clean shirt?

    E7sus4   E
My panties in a wad

      E7sus4   E
At the bottom of my purse

   E7sus4   E
I walk into the street

     E7sus4   E
The   air's so cool,

    E7sus4   E
I'm wired and I'm tired

      E7sus4   E
And I'm grinnin' like a fool.

Pre-chorus 1

Aadd9   Badd9
I've been on the floor lookin' for a chair

Aadd9   E
I've been on a chair lookin' for a couch

A5   Badd9
And I've been on a couch lookin' for a bed.—

     Aadd9
Lookin' for a bed

     E
Lookin' for   my, my—

Chorus 1

B5　　　　　　　　　　**E**
　My right hand, my right hand man.
B5　　　　　　　　　　**E**
　My right hand, my right hand man.
A5　　　　　　　　　　**E**
　My right hand, my right hand man.
A5　　　　　　　　　　**E**
　My right hand, my right hand man.
　　　　B5　　　　　　　　**E**
Say— my right hand, my right hand man.
B5　　　　　　　　　　**E**
　My right hand, my right hand man.
A5　　　　　　　　**E**
　My right hand, my right hand man.
N.C.
If he can't fix it, I don't know who can.

Link　　　　‖: **E7sus4　E** :‖ *Play 4 times*

Verse 2

　　　　E7sus4　　　　　**E**
The sinsemilla salesman
　　　　　E7sus4　　　　**E**
And the cops on the block,
　　　E7sus4　　　　　　　**E**
They know what I been doin'
　　　E7sus4　　　　**E**
They see the way I walk
　E7sus4　　　　　　　　　**E**
I wonder what they see now
　E7sus4　　　　　　**E**
I wonder what they do,
　　E7sus4　　　　　　　**E**
To feel somebody want them
　　　E7sus4　　　　　　**E**
The way I'm wanting you.

Pre-chorus 2

Aadd9　　　　　　　　　　**Badd11**
I've been on the floor lookin' for a chair,
Aadd9　　　　　　　　**E**
I've been on a chair lookin' for a couch.
　　Aadd9　　　　　　　**Badd11**
And I've been on a couch lookin' for a bed—
　　　Aadd9
Lookin' for a bed
　　　　E
Lookin' for— to really be—

153

Chorus 2

B5   **E**
My right hand, my right hand man.

B5   **E**
My right hand, my right hand man.

A5   **E**
My right hand, my right hand man.

A5   **E**
My right hand, my right hand man.

      B5   **E**
Say— my right hand, my right hand man.

B5   **E**
My right hand, my right hand man.

A5   **E**
My right hand, my right hand man.

N.C.
Use me up if you think you can.

Instrumental   ‖: **E7sus4** **E** :‖ *Play 8 times*

Pre-chorus 3

Aadd9   **Badd11**
I've been on the floor lookin' for a chair,

Aadd9   **E**
I've been on a chair lookin' for a couch.

      Aadd9   **Badd11**
And I've been on a couch lookin' for a bed—

        Aadd9
Lookin' for a bed

        E
Lookin' for my—

Chorus 3

B5   **E**
My right hand, my right hand man.

B5   **E**
My right hand, my right hand man.

A5   **E**
My right hand, my right hand man.

A5   **E**
My right hand, my right hand man.

      B5   **E**
Say— my right hand, my right hand man.

B5   **E**
My right hand, my right hand man.

A5   **E**
My right hand, my right hand man.

A5   **E**
Oh—

B5   E
Say— my right hand, my right hand man

B5   E
Say— my right hand, my right hand man

A5   E
  Hey—

A5   E
Say— my right hand, my right hand man

B5   E
  My right hand, my right hand man

B5   E
  My right hand, my right hand man

A5   E
  My right hand, woah—

B5   E
Woah—

B5   E
Woah—

A5   E
  My, my, my, my, my

N.C.
If he can't fix it, gonna find a boy who can.

Rules And Regulations

Words & Music by
Victoria Perks, Margaret Dunne, Tina O'Neill & Joanne Dunne

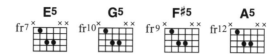

Intro   ‖: E5 | E5 | G5 | F♯5 :‖ *Play 2 times*

Verse 1
               E5
You gotta   go to school, follow the rules
G5   F♯5
Do what people say and don't make a fool of yourself.
E5
    Work your brains until your head bursts
G5   F♯5
Pass all your exams, leave school
                   E5
And go to work in a place

Where they know you by a number and not your name.
       G5
You're stuck in a rut,
        F♯5   E5   F♯5 G5 A5
And there's no-one but yourself to blame.

Link 1 | E5 | E5 | F♯5 | G5 A5 ‖

Chorus 1
N.C.
There must be more to life,

There must be more than this,

There must be more to life,

Than rules and regulations to command and obey.

Than rules and regulations to command and obey.

Obey, obey, away.

Link 2   ‖: E5 | E5 | G5 | F#5   :‖

E5

Verse 2   Just keep your mouth shut, tie your hair up in a bun
G5   F#5
Wear a beige skirt and polo necks.
                    E5
Just like your Mum said you should

Get married by eighteen
G5
Leave your job, have some kids.
                              E5
It's always been your only dream to iron his suit,
                              G5
It makes you feel so proud though he's chained you up
        F#5   E5   F#5 G5 A5
And tied you down so you're house - bound.

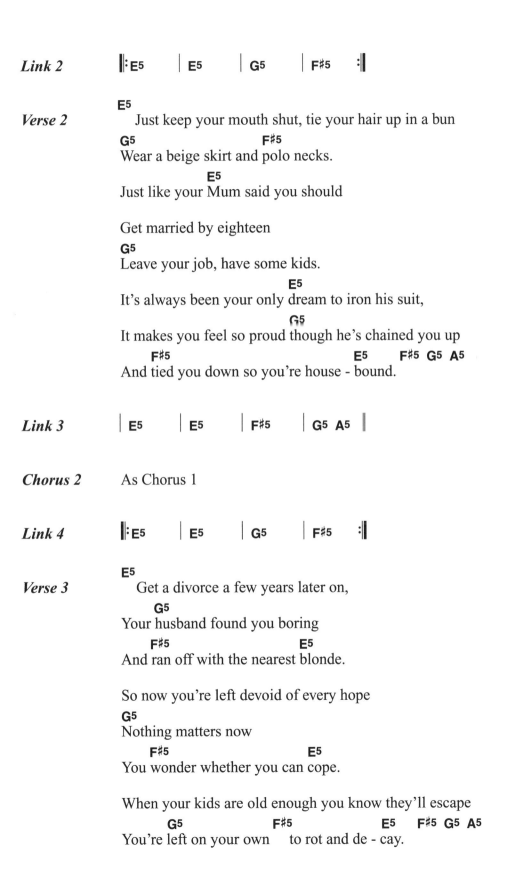

Link 3 | E5 | E5 | F#5 | G5 A5 ‖

Chorus 2   As Chorus 1

Link 4   ‖: E5 | E5 | G5 | F#5   :‖

E5

Verse 3   Get a divorce a few years later on,
            G5
Your husband found you boring
        F#5   E5
And ran off with the nearest blonde.

So now you're left devoid of every hope
G5
Nothing matters now
        F#5   E5
You wonder whether you can cope.

When your kids are old enough you know they'll escape
            G5   F#5   E5   F#5 G5 A5
You're left on your own   to rot and de - cay.

Link 5   ‖ E5   ‖ E5   ‖ F♯5   ‖ G5 A5   ‖

Chorus 3   As Chorus 1

Link 6   ‖ E5   ‖ E5   ‖ F♯5   ‖ G5 A5   ‖

Outro

E5
Rules and regulations to command and obey.
F♯5   **G5**   **A5**
Rules and regulations to com - mand and obey.
E5
Rules and regulations to command and obey.
G5   **F♯5**
Rules and regulations to com - mand and obey.
E5   **F♯5**   **G5** **A5**   **E5**
Rules and regulations to com - mand and obey.

‖ E5   ‖ E5   ‖ F♯5   ‖ G5 A5 ‖

Obey.

Summer

Words & Music by Charlotte Hatherley

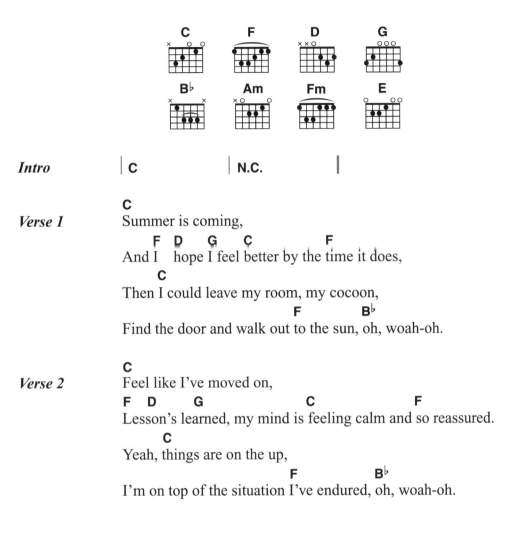

Intro | C | N.C. ||

Verse 1

      C
Summer is coming,

      F D **G**   **C**   **F**
And I   hope I feel better by the time it does,

        C
Then I could leave my room, my cocoon,

                          F   **B**♭
Find the door and walk out to the sun, oh, woah-oh.

Verse 2

      C
Feel like I've moved on,

F   **D**   **G**   **C**   **F**
Lesson's learned, my mind is feeling calm and so reassured.

         C
Yeah, things are on the up,

                  F   **B**♭
I'm on top of the situation I've endured, oh, woah-oh.

Chorus 1

    F   G   C
Took my time to come around
                        F   G   C
From the day that I was shot down.

Oh, now I know that:
F   Am
I confused myself with somebody else,
  G   F   Am
I didn't know what to do 'cos I was somebody new,
    G
Oh, now I know that
F   Am
I confused myself with somebody else,
  G   F   Fm
I didn't know what to do, know what to do…

Link | C | C   ‖

Verse 3

                  C
A silhouette in the shadows,
      F   D G   C   F
I drank too much and darkness settled in and drew in me.
          C
And, oh, my bleeding heart did start to repair
                  F   B♭
And I could clearly see, oh, woah-oh.

Verse 4

                  C
Open the windows,
      F   D G   C   F
Ser - o - tonin and the vitamins C, D and E.
          C
Oh, let it all sink in to your skin, close your eyes
                 F   B♭
And you can feel the release, oh, woah-oh.

Chorus 2   As Chorus 1

Instrumental ‖: E | E | C | C   :‖

                | F   G | C | F   G | B♭ |

Verse 5

   C
Summer is coming,
      F D   G   C   F
And I   hope I feel better by the time it does,
      C
Then I could leave my room...
         F   B♭
And walk out to the sun, oh, oh, woah-oh

Chorus 3

   G   F   Am
Oh, I confused myself with somebody else
     G
I didn't know what to do 'cos I was somebody new,
F   Am
Oh, now I know that

I confused myself with somebody else,
   G   F   Am
I didn't know what to do 'cos I was somebody new,
   G   F   Fm
I didn't know what to do, know what to do…

Bridge

   E   Am
               Tried so many ways to come through for you,
                     D   C
Tried to get it right and really improve.
            D   E
And, yeah, I really wanted to,
                       C
Took my time to come around,
                       E
Breathing in and breathing out,
                     C
Oh, won't you see what I can do?

Oh, when I leave my room, yeah.
F   G   C
          Oh, yeah,
F   G   C |C |
         Oh, yeah…

Outro   ‖: E | E | C | C   :‖

Play 10 times to fade

Seether

Words & Music by Nina Gordon

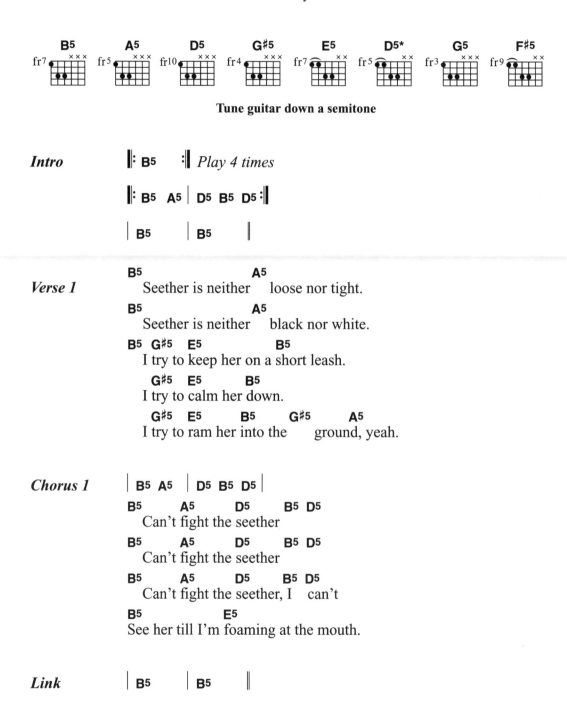

| B5 | A5 | D5 | G#5 | E5 | D5* | G5 | F#5 |

Tune guitar down a semitone

Intro   ‖: B5 :‖ *Play 4 times*

‖: B5 A5 | D5 B5 D5 :‖

| B5 | B5 ‖

Verse 1

B5   A5
 Seether is neither loose nor tight.

B5   A5
 Seether is neither black nor white.

B5 G#5 E5   B5
 I try to keep her on a short leash.

 G#5 E5 B5
 I try to calm her down.

 G#5 E5 B5 G#5 A5
 I try to ram her into the ground, yeah.

Chorus 1 | B5 A5 | D5 B5 D5 |

B5   A5   D5   B5 D5
 Can't fight the seether

B5   A5   D5   B5 D5
 Can't fight the seether

B5   A5   D5   B5 D5
 Can't fight the seether, I can't

B5   E5
See her till I'm foaming at the mouth.

Link | B5 | B5 ‖

Verse 2

B5		A5

Seether is neither   big nor small.

B5		A5

Seether is the center   of it all.

B5 G#5   E5   B5

I try to rock her in my cradle.

G#5   E5   B5

I try to knock her out.

G#5   E5   B5   G#5   A5

I try to cram her back in my   mouth, yeah.

Chorus 2   As Chorus 1

Bridge

B5   D5*   E5

Keep her down, boiling water

G5   D5*

Keep her down, what a lovely daughter.

E5

Oh she is not born like other girls,

D5*

But I know how to conceive her.

E5

Oh she may not look like other girls,

F#5

But she's a snarl tooth seether. Seether!

Guitar Solo   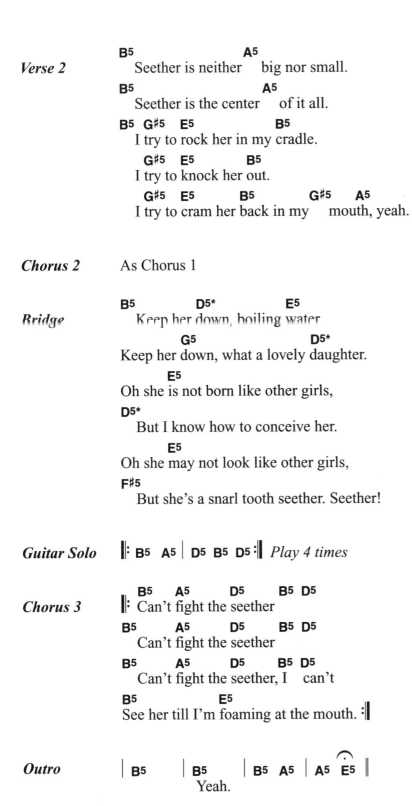 ‖: B5 A5 │ D5 B5 D5 :‖ *Play 4 times*

Chorus 3

B5   A5   D5   B5 D5

‖: Can't fight the seether

B5   A5   D5   B5 D5

Can't fight the seether

B5   A5   D5   B5 D5

Can't fight the seether, I   can't

B5   E5

See her till I'm foaming at the mouth. :‖

Outro   │ B5   │ B5   │ B5 A5 │ A5 E5 ‖

Yeah.

Single Girl

Words & Music by Emma Anderson

E   A   C   G   D   Fmaj7   Bm   F#m

Intro

E	E	E	E
A	E	C	G
A	E	C	G

Chorus 1

A   D
Single girl, I don't wanna be a single girl,
A   D
Single girl, I don't wanna be a single girl.

Verse 1

Fmaj7   G   C   Fmaj7
   Don't want to be on my own again to - night
Fmaj7   G   D
   Don't want to put out the light.

Chorus 2

A   D
Single girl, I don't wanna be a single girl,
A   D
Single girl, who would wanna be a single girl?

Verse 2

Fmaj7   G   C   Fmaj7
   Don't wanna talk to my - self again to - night
Fmaj7   G   D
   Don't wanna put out the light.

Guitar solo

| A | E | C | G |
| A | E/A | C/A | G/A |

Bridge

Bm
When you abandoned me
E
Well, it was Heaven sent,
Bm
When I abandoned you
E
It was what you meant.
Bm
Well, it was me that knew it
E
And it was you that went,
D   **F♯m**   **E**
Haven't changed our minds it was meant to be.

Ooh

Instrumental

A	A	D	D	
A	A	D	D	
A	A	D	D	
A	A	D	D	‖

Verse 3

Fmaj7   **G**   **C**   **Fmaj7**
Don't wanna clean up your mess again to - night,
Fmaj7   **G**   **D**
Don't have to be in a fight.

Verse 4

Fmaj7   **G**   **C**   **Fmaj7**
And I can do what I want again to - night,
Fmaj7   **G**   **D**
With who I choose, it's alright.

Link

Fmaj7
Alright,
D
Alright,
Fmaj7
Alright.

Outro

A   **D**
Single girl, I just wanna be a single girl.

Somebody To Love

Words & Music by Darby Slick

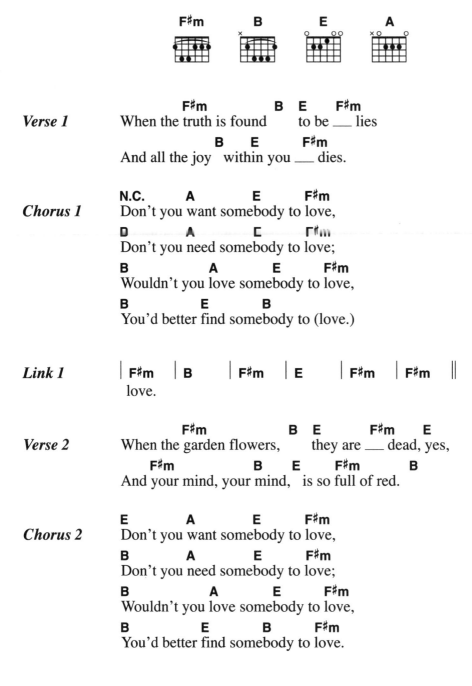

Verse 1

     F#m   B E F#m
When the truth is found to be ___ lies
      B   E   F#m
And all the joy within you ___ dies.

Chorus 1

  N.C.   A   E F#m
Don't you want somebody to love,
  D   A   E   F#m
Don't you need somebody to love;
 B   A   E   F#m
Wouldn't you love somebody to love,
 B   E   B
You'd better find somebody to (love.)

Link 1

| F#m | B | F#m | E | F#m | F#m ||
love.

Verse 2

     F#m   B E F#m   E
When the garden flowers, they are ___ dead, yes,
   F#m   B E F#m   B
And your mind, your mind, is so full of red.

Chorus 2

 E   A   E F#m
Don't you want somebody to love,
 B   A   E   F#m
Don't you need somebody to love;
 B   A   E   F#m
Wouldn't you love somebody to love,
 B   E   B F#m
You'd better find somebody to love.

Verse 3

N.C.   E   B

Your eyes, I say your eyes may look like his, ___

          F#m   B

Yeah, but in your head, baby,

    E   F#m   A

I'm afraid you don't know where it is.

Chorus 3

B   A   E   F#m

Don't you want somebody to love,

B   A   E   F#m

Don't you need somebody to love;

B   A   E   F#m

Wouldn't you love somebody to love,

B   E   B

You'd better find somebody to (love.)

Link 2 | F#m | E | B | A | F#m | F#m   ‖

    love.

Verse 4

F#m   B   E   F#m   A   E

Tears are running   all round and round your breast,

      F#m   B   E   F#m   A

And your friends, baby,   they treat you like a guest. ___

Chorus 4

E   A   E   B

Don't you want somebody to love,

       A   E   B

Don't you need somebody to love;

          A   E   B

Wouldn't you love somebody to love,

         E   B   F#m   B

You'd better find somebody to love. _____

Coda | F#m | F#m ‖ F#m | B | F#m | B |

                          Solo

  | F#m | B   E | F#m | F#m | A   E | B |

 | A   E | B | A   E | B | A   B ‖

Stop Your Sobbing

Words & Music by Ray Davies

Dsus2   Asus2   Esus4   E   Bm11/F#

Capo third fret

Verse 1

   N.C.   Dsus2
It is time for you to stop all of your sobbing,

         Asus2   Esus4   E
Yes it's time for you to stop all of your sobbing, oh-oh.

       Dsus2   E
There's one thing you gotta do

    Dsus2   E
To make me still want you:

N.C.   Asus2
Gotta stop sobbing now oh, gotta stop sobbing now,

     Dsus2   Asus2   E
Yeah, yeah, stop it, stop it, stop it, stop it.

Verse 2

     N.C. Asus2   N.C.   Dsus2
It is time for you to laugh instead of crying;

         Asus2   Esus4   E
Yes, it's time for you to laugh so keep on trying, oh-oh.

       Dsus2   E
There's one thing you gotta do

    Dsus2   E
To make me still want you:

N.C.   Asus2
Gotta stop sobbing now oh, gotta stop sobbing now,

     Dsus2   Asus2
Yeah, yeah, stop it, stop it, stop it, stop it.

Bridge

E   Dsus2   E
Each little tear that falls from your eyes

                      Bm11/F#
Makes, makes me want to take you in my arms and tell you

               E
To stop all your sobbing.

Instrumental | Asus² | Asus² | Dsus² | Dsus² |

| Asus² | Asus² | E | E ‖

Verse 3

       Dsus²   **E**
There's one thing you gotta do
      Dsus²   **E**
To make me still want you,
           Dsus²   **E**
And there's one thing you gotta know
      Dsus²   **E**
To make me want you so.

Coda

      N.C.   **Asus²**
Gotta stop sobbing now oh,
              Dsus²
Gotta stop sobbing now, oh, yeah, yeah.
         Asus²
‖: Stop it, stop it, stop it, stop it.
        Dsus²
Gotta stop sobbing now-oh,

Gotta stop sobbing now-oh. :‖ *Repeat to fade*
                                  with vocal ad lib.

Take It Off

Words & Music by Brett Anderson, Heather Castellano Torrance,
Maya Anne Ford & Allison Robertson

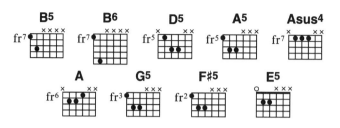

Intro

‖: B5   B6   B5 | D5   A5   Asus4   A |

Riff 1

B5   B6   B5 | G5   A5 :‖

Play 4 times

Verse 1

Riff 1
I'm on my second drink

Riff 2
But I've had a few before,

Riff 1
I'm tryin' hard to think

Riff 2
And I think that I want you on the floor.

F♯5
Uh-huh, yeah, on the floor!

Chorus 1

         B5   **D5 A5**
Go on and take it off,

      E5   **G5 A5**
You gotta shake it off baby, for me,

         B5   **D5 A5**
C'mon and break me off,

   E5   **G5**   **A5**
'Cos I get what I want and I like what I see.

Link

Riff 1

| B5   B6   B5 | D5   A5   Asus4   A |

Riff 2

| B5   B6   B5 | G5   A5 |

		Riff 1
Verse 2	Need your love 1,2,3,	

     Riff 2
       Stop starin' at my D cup.

          Riff 1
Don't waste time, just give it to me,

Riff 2
   C'mon baby, just fill me up.

   F♯5
C'mon, just give it up.

Chorus 2   As Chorus 1

Instrumental | **F♯5** | **F♯5** | **B5** | **D5** | |

| **B5** | **D5** **A5** | **B5** | **D5** | |

| **B5** | **D5** **A5** | | |

     G5   **A5**   **B5**
Bridge   Forget the application,

     G5   **A5**   **B5**
       You're the right guy for the task.

     G5   **A5**   **B5**
       And let me take you on vacation,

     G5   **A5**   **F♯5**
       Just do it,   you don't have to ask!

Chorus 3   As Chorus 1

     B5   **D5** **A5**
Coda   Take it off,

     E5   **G5** **A5**
Take it off baby, for me.

     B5   **D5** **A5**
Take it off,   ⌒

     E5   **G5** **A5**
Take it off baby, for me.

Taste You

Words & Music by Melissa Auf Der Maur

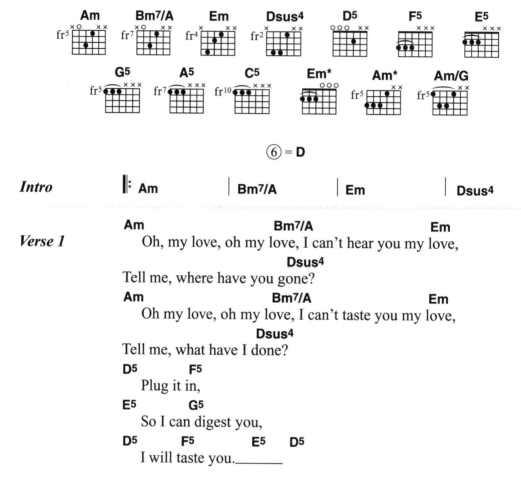

$\textcircled{6}$ = D

Intro   ‖: Am | Bm7/A | Em | Dsus4 :‖

Verse 1

Am   Bm7/A   Em
   Oh, my love, oh my love, I can't hear you my love,
                     Dsus4
Tell me, where have you gone?

Am   Bm7/A   Em
   Oh my love, oh my love, I can't taste you my love,
               Dsus4
Tell me, what have I done?

D5   F5
   Plug it in,

E5   G5
   So I can digest you,

D5   F5   E5   D5
   I will taste you._____

Verse 2

Am   Bm7/A   Em*
   Far away, far away, I can't feel you today,
                      D5
I need healing, my love.
Am   Bm7/A   Em*
  Appetite running fast, Following my gut,
                  D5
Turning up every rock.
Am   Bm7/A   Em*
  You're disappearing my love, I need louder than this,
            D5
Please fill me up.
Am   Bm7/A   Em*
  Good tidings I bring to you and your sins,
       D5
I'll forgive

Chorus 1

A5   C5
Come to me, plug it in,
F5   Em*
  So I can digest you.
A5   F5   C5   Em*   G5
  I will taste you, ooh._____
D5   F5   Em*
  My appetite in that hole,
  G5
Tempt you with it now,
A5   F5   C5   Em*
  I will taste you, ooh._____

Instrumental 1 ‖: Am* | Am/G | Em* | D5   Em* :‖

Verse 3

Am   Bm7/A   Em*
  Please shake me and tug, I need shaking my love,
               D5
Can't you be the one?
Am   Bm7/A   Em*
  I can't fake it my love, I need filling, come on,
               D5
I need it louder than bombs.

Chorus 2   As Chorus 1

Instrumental 2 ‖: **Am*** | **Am/G** | **Em*** | **D5** **Em*** :‖

Verse 4

    Am*   **Am/G**
   Feel that movement my love?
                Em*
Pulling up from above,
             D5   **Em***
Are you listening love?
Am*   **Am/G**
   My emptiness in a way is tempting,
Em   **D5**   **Em***
   Guiding you from my gut.

Chorus 3

    Am*   **Am/G**   **Em***   **D5**
‖:   I will taste you,
  Am*   **Am/G**
   I will taste you,
  Em*   **D5**
   I've got a big mouth,
  Am*   **Am/G**
   I will taste you,
  Em*   **D5**   **Am***   **Am/G**   **Em**   **D5**
   I've got a big mouth, I will taste you.   :‖

                                    Repeat w/vocal ad lib.

      ⌢
| **Am*** ‖

This Is Love

Words & Music by Polly Jean Harvey

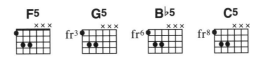

G riff

Intro | F5   G5 | | F5   G5 |

| F5   G5 | | F5   G5 ||

G5 riff

Verse 1   I can't believe that life's so complex

When I just want to sit here and watch you undress,

I can't believe that life's so complex

When I just want to sit here and watch you undress.

B♭5   C5

Chorus 1   This is love, this is love
G5 riff
That I'm feeling,
B♭5   C5
This is love, this is love
G5 riff
That I'm feeling,
B♭5   C5
This is love, love, love
G5 riff |**G5 riff** |**G5 riff** |
That I'm feeling.

G5 riff

Verse 2   Does it have to be a life full of dread?

Wanna chase you round the table, wanna touch your head.

Does it have to be a life full of dread?

Wanna chase you round the table, wanna touch your head.

Chorus 2   As Chorus 1

Verse 3
G5 riff
I can't believe that the axis turns on suffering

When you taste so good,

I can't believe that the axis turns on suffering

When my headache burns.

Chorus 3
B♭5   **C5**
Love, love, love,
          G5 riff
That I'm feeling,
          B♭5   **C5**
This is love, this is love
          G5 riff
That I'm feeling,
          B♭5   **C5**
This is love, love, love, love
          G5 riff | **G5 riff** | **G5 riff** |
That I'm feeling.

Bridge
C5
Even in the Summer,
B♭5   **G5 riff**
Even in the Spring…
B♭5
      You can never get too much of
C5   **G5 riff**
      A wonderful thing…

Link | **G5 riff** | **G5 riff** | **G5 riff** | **G5 riff**   ‖

Verse 4
G5 riff
You're the only story that I never told,

You're my dirty little secret, wanna keep you so.

You're the only story that never been told,

You're my dirty little secret, wanna keep you so.

G5 riff

Verse 5   Come on out, come on over, help me forget,

Keep the walls from falling as they're tumbling in.

Come on out, come on over, help me forget

Come on out, come on over, help me forget,

Keep the walls from falling as they're tumbling in,

Keep the walls from falling as they're tumbling in.

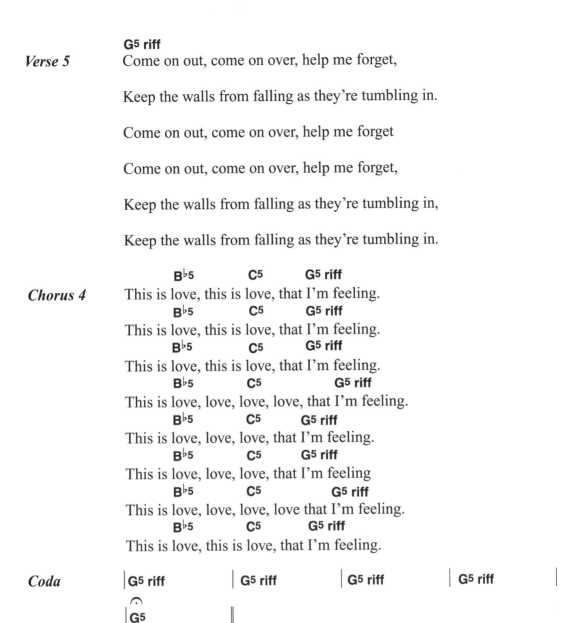

Chorus 4

B♭5   **C5**   **G5 riff**
This is love, this is love, that I'm feeling.
B♭5   **C5**   **G5 riff**
This is love, this is love, that I'm feeling.
B♭5   **C5**   **G5 riff**
This is love, this is love, that I'm feeling.
B♭5   **C5**   **G5 riff**
This is love, love, love, love, that I'm feeling.
B♭5   **C5**   **G5 riff**
This is love, love, love, that I'm feeling.
B♭5   **C5**   **G5 riff**
This is love, love, love, that I'm feeling
B♭5   **C5**   **G5 riff**
This is love, love, love, love that I'm feeling.
B♭5   **C5**   **G5 riff**
This is love, this is love, that I'm feeling.

Coda | **G5 riff** | **G5 riff** | **G5 riff** | **G5 riff** |

| **G5**   ‖

Waking Up

Words & Music by Justine Frischmann, Jean-Jacques Burnel,
Hugh Cornwell, Jet Black & David Greenfield

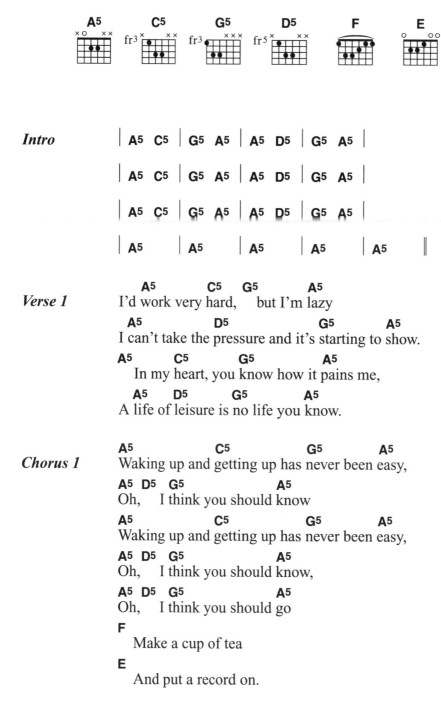

Intro

| A5 C5 | G5 A5 | A5 D5 | G5 A5 |

| A5 C5 | G5 A5 | A5 D5 | G5 A5 |

| A5 C5 | G5 A5 | A5 D5 | G5 A5 |

| A5 | A5 | A5 | A5 | A5 |

Verse 1

      A5   C5   G5   A5
I'd work very hard,   but I'm lazy

   A5   D5   G5   A5
I can't take the pressure and it's starting to show.

A5   C5   G5   A5
   In my heart, you know how it pains me,

   A5   D5   G5   A5
A life of leisure is no life you know.

Chorus 1

   A5   C5   G5   A5
Waking up and getting up has never been easy,

A5 D5 G5   A5
Oh,   I think you should know

A5   C5   G5   A5
Waking up and getting up has never been easy,

A5 D5 G5   A5
Oh,   I think you should know,

A5 D5 G5   A5
Oh,   I think you should go

F
   Make a cup of tea

E
   And put a record on.

Instrumental 1 | **A5** **C5** | **G5** **A5** | **A5** **D5** | **G5** **A5** |

| **A5** **C5** | **G5** **A5** | **A5** **D5** | **G5** **A5** |

| **A5** | **A5** | **A5** | **A5** | **A5** ‖

Verse 2

A5   **C5**   **G5**   **A5**
I'd work very hard,   but I'm lazy,
          A5   **D5**   **G5**   **A5**
I've got a lot of songs but they're all in my head.
A5   **C5**   **G5**   **A5**
I'll get a gui - tar and a lover who pays me
          A5   **D5**   **G5**   **A5**
If I can't be a star I won't get out of bed.

Chorus 2   As Chorus 1

Instrumental 2 | **A5** | **G5** | **A5** | **G5** |

| **A5** | **G5** | **A5** | **G5** |

| **A5** **C5** | **G5** **A5** | **A5** **D5** | **G5** **A5** |

| **A5** **C5** | **G5** **A5** | **A5** **D5** | **G5** **A5** |

| **A5** **C5** | **G5** **A5** | **A5** **D5** | **G5** **A5** |

| **A5** **C5** | **G5** **A5** | **A5** **D5** | **G5** **A5** | **A5** ‖

Chorus 3   As Chorus 1

| **Am** ‖

What's Up

Words & Music by Linda Perry

A **Bm** **D** **Dsus2** **Asus2** **Dsus4**

Intro |A |Bm |D Dsus2|A Asus2|A Asus2|Bm |D Dsus2|A Asus2|

Verse 1

    A   **Asus2**
25 years of my life and still

    Bm   **D**
I'm trying to get up that great big hill of hope

     Dsus2 **A**
For a destin - ation.

Asus2   **A**
And I realised quickly when I knew I should

Asus2 **Bm**
That the world was made up of this

         D
Brotherhood of man,

       Dsus2   **A**
For whatever that means.

Pre-chorus 1

Asus2   **A**
And so I cry sometimes when I'm lying in bed

Asus2 Bm
Just to get it all out, what's in my head

     D   **Dsus2** **A**
And I,   I am feeling a little peculiar.

Asus2   **A**
And so I wake in the morning and I step

      Asus2 Bm
Outside and I   take deep breath

And I get real high

     D
And I   scream from the top of my lungs,

       Dsus2 **A**
"What's goin'   on?"

Chorus 1

                Asus² A   Asus²
And I   say, "Hey, yeah, yeah, yeah,

Bm
Hey, yeah, yeah."

                D   Dsus² A
I said "Hey, what's goin'   on?"

                Asus² A   Asus²
And I say,   "Hey, yeah, yeah, yeah,

Bm
Hey, yeah, yeah."

                D   Dsus² A
I said "Hey, what's goin'   on?"

Link 1   ‖: A   Asus² | Bm | D   Dsus² | A   Asus² :‖

                A   Asus² Bm
Verse 2   And I try, oh my God do I   try,

                        D
I try all the time

                Dsus² A
In this insti - tution.

Asus² A   Bm
And I pray, oh my God do I pray,

                        D
I pray every single day

                Dsus² A
For a revo   -   lution.

Pre-chorus 2   As Pre-chorus 1

Chorus 2   As Chorus 1

Link 2 | A   Asus² | Bm | D   Dsus² | A   Asus² ‖

                A   Asus²
Outro   25 years and my life is still,

                Bm   D
I'm trying to get up that great big hill of hope

                Dsus⁴ D   Dsus² A
For a   des - ti   - nation.

181

Weak

Words & Music by Skin, Richard Lewis, Martin Kent & Robert France

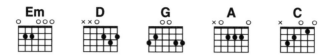

Intro   ‖: Em D C | C   :‖

Verse 1
  Em D   **C**
  Lost in time I can't count the words
  Em **D**   **C**
  I said when I thought they went unheard.
  Em   **D**   **C**
  All of those harsh thoughts so unkind
    Em   **D C**
  'Cos I wanted you.

Verse 2
    Em   **D**   **C**
  And now I sit here I'm all alone
   Em   **D**   **C**
  So here sits a bloody mess, tears fly home
   Em   **D** **C**
  A circle of angels, deep in war
    Em   **D C**
  'Cos I wanted you.

Chorus 1
    Em D C
  Weak as I am, no tears for you,
    Em D C
  Weak as I am, no tears for you,
    Em D **C**
  Deep as I am, I'm no ones fool,
    Em D C
  Weak as I am.

Verse 3

      Em   **D**   **C**
So what am I now, I'm love last home,

        Em   **D**   **C**
I'm all of the soft words I once owned.

        Em   **D**   **C**
If I opened my heart, there'd be no space for air

           Em   **D C**
'Cos I wanted you.

Chorus 2   As Chorus 1

       G   **A**
Middle   In this tainted soul,

         C
In this weak young heart,

         D
Am I too much for you?

     G   **A**
      In this tainted soul,

         C
In this weak young heart,

         D
Am I too much for you?

     G   **A**
      In this tainted soul.

         C
In this weak young heart.

         D | **D** |
Am I too much for you?

Chorus 3

        Em D C
Weak as I am,

        Em D C
Weak as I am,

        Em D C
Weak as I am,

        Em D C
Weak as I am, am, am.

Chorus 4

        Em
Weak as I am,

    D   C
Am I too much for you?

        Em
Weak as I am,

    D   C
Am I too much for you?

        Em
Weak as I am,

    D   C
Am I too much for you?

        Em D   C
Weak as I am.

Outro   ‖: **Em D C** │ **C**   :‖ *Play 4 times*

Woman

Words & Music by Cameron McVey, Jonathan Sharp & Neneh Cherry

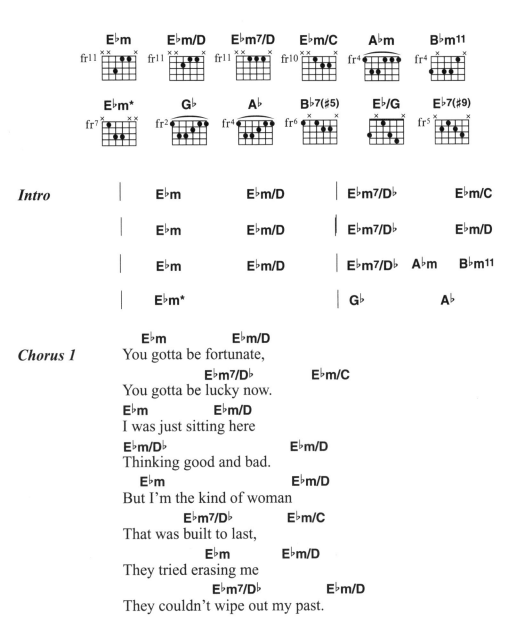

Intro

E♭m	E♭m/D	E♭m7/D♭	E♭m/C
E♭m	E♭m/D	E♭m7/D♭	E♭m/D
E♭m	E♭m/D	E♭m7/D♭ A♭m B♭m11
E♭m*	G♭	A♭

Chorus 1

   E♭m   E♭m/D
You gotta be fortunate,
        E♭m7/D♭   E♭m/C
You gotta be lucky now.
E♭m   E♭m/D
I was just sitting here
E♭m/D♭   E♭m/D
Thinking good and bad.
    E♭m   E♭m/D
But I'm the kind of woman
      E♭m7/D♭   E♭m/C
That was built to last,
      E♭m   E♭m/D
They tried erasing me
      E♭m7/D♭   E♭m/D
They couldn't wipe out my past.

Verse 1

A♭m   E♭m*
To save my child, I'd rather go hungry,
    A♭m   E♭m*
I've got all of Ethiopia inside of me.
      A♭m   E♭m*
And my blood flows through every man,
      B♭7(♯5)
In this godless land that delivered me,

I've cried so many tears even the blind can see.

Chorus 2

E♭m   E♭m/D
   This is a woman's world,
E♭m7/D♭   E♭m/C
   This is my world
E♭m   E♭m/D
   This is a woman's world,
E♭m7/D♭   E♭m/D
   For this man's girl.
E♭m   E♭m/D
   There ain't a woman in this world,
E♭m7/D♭   E♭m/C
   Not a woman or a little girl
E♭m   E♭m/D
   That can't deliver love
E♭m7/D♭ Em/D
   In a man's world.

Verse 2

A♭m   E♭m*
   I've born and I've bred,   I've cleaned and I've fed,
A♭m   E♭m*
   And for my healing wits,   I've been called a witch.
A♭m   E♭m
   I've crackled in the fire,   and been called a liar.
      B♭7(♯5)
I've died so many times,

I'm only just coming to life.

Chorus 3   As Chorus 2

186

Instrumental	A♭m		E♭m*		
	A♭m		E♭/G	E♭7(♯9)	
	A♭m		E♭m*		
	A♭m		E♭/G	E♭7(♯9)	G♭

Verse 3

           A♭m   E♭m

And my blood flows through every man,

And every child.
     B♭7(♯5)
In this godless land that delivered me,

I've cried so many tears even the blind can see.

Chorus 4   ‖: As Chorus 2   :‖   *Ad lib to fade.*

Won't Come Out To Play

Words & Music by Kim Shattuck

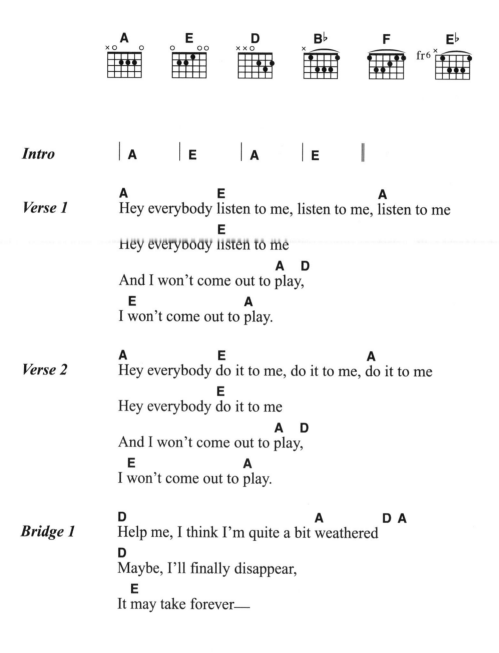

Intro | A | E | A | E ‖

Verse 1
A   E   A
Hey everybody listen to me, listen to me, listen to me
         E
Hey everybody listen to me
          A D
And I won't come out to play,
  E   A
I won't come out to play.

Verse 2
A   E   A
Hey everybody do it to me, do it to me, do it to me
         E
Hey everybody do it to me
          A D
And I won't come out to play,
  E   A
I won't come out to play.

Bridge 1
D   A   D A
Help me, I think I'm quite a bit weathered
D
Maybe, I'll finally disappear,
  E
It may take forever—

```
Instrumental  | A    | E    | E    | A    |

              | A    | E    | E    | A  D |

              | E    | A    ‖
```

Bridge 2
```
              D                      A      D A
              I want to look a little bit clearer
              D                         E
              But your exaggeration clouds up my mirror.
```

Verse 3
```
              B♭             F                    B♭
              Hey everybody listen to me, listen to me, listen to me

              Hey everybody listen to me
                     F            B♭  E♭
              And I won't come out to play,
                 F              B♭  E♭
              I won't come out to play,
                 F              B♭  E♭
              I won't come out to play,
                 F              B♭  E♭
              I won't come out to play,
                 F              B♭  E♭  F  B♭
              I won't come out to play.
```

Zombie

Words & Music by Dolores O'Riordan

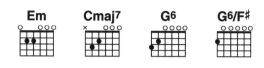

Intro ‖: Em | Cmaj⁷ | G⁶ | G⁶/F♯ :‖ *Play 4 times*

Verse 1

Em   Cmaj⁷
  Another head hangs lowly,
G⁶   G⁶/F♯
Child is slowly taken.
Em   Cmaj⁷
  And the violence caused such silence,
G⁶   G⁶/F♯
Who are we mistaken?

                    Em
But you see, it's not me,
            Cmaj⁷
It's not my family,
          G⁶
In your head, in your head,
                G⁶/F♯
They are fighting.
                Em
With their tanks and their bombs
            Cmaj⁷
And their bombs and their guns,
          G⁶   G⁶/F♯
In your head, in your head they are crying.

Chorus 1

              Em   Cmaj⁷
In your head, in your head,
          G⁶   G⁶/F♯
Zombie, zombie, zombie,   hey, hey.
                  Em   Cmaj⁷
What's in your head, in your head?
          G⁶   G⁶/F♯
Zombie, zombie, zombie,   hey, hey, hey.

Bridge 1

Em   Cmaj7
Oh, doo, doo, doo, doo,

      G6
Doo, doo, doo, doo,

      G6/F♯
Doo, doo, doo, doo,

     Em Cmaj7 G6 G6/F♯
Doo, doo, doo, doo.

Verse 2

Em   Cmaj7   G6
 Another mother's breakin' heart

     G6/F♯
Is taking over.

Em   Cmaj7
 When the violence causes silence,

G6   G6/F♯
We must be mistaken.

      Em
It's the same old theme

     Cmaj7
Since nine - teen sixteen,

    G6
In your head, in your head,

      G6/F♯
They're still fighting.

     Em
With their tanks and their bombs

     Cmaj7
And their bombs and their guns,

    G6   G6/F♯
In your head, in your head they are dying.

Chorus 2 As Chorus 1

Bridge 2

Em
Oh, oh, oh, oh,

Cmaj7
Oh, oh, oh, hey,

G6   G6/F♯
Oh, ya, ya.

Instrumental | Em |Cmaj7| G6 | G6/F♯ ‖: Em | Cmaj7 | Em | Cmaj7 :‖

Solo   ‖: Em | Cmaj7 | G6 | G6/F♯ :‖ *Play 4 times*

Relative Tuning

The guitar can be tuned with the aid of pitch pipes or dedicated electronic guitar tuners which are available through your local music dealer. If you do not have a tuning device, you can use relative tuning. Estimate the pitch of the 6th string as near as possible to E or at least a comfortable pitch (not too high, as you might break other strings in tuning up). Then, while checking the various positions on the diagram, place a finger from your left hand on the:

5th fret of the E or 6th string and **tune the open A** (or 5th string) to the note (A)

5th fret of the A or 5th string and **tune the open D** (or 4th string) to the note (D)

5th fret of the D or 4th string and **tune the open G** (or 3rd string) to the note (G)

4th fret of the G or 3rd string and **tune the open B** (or 2nd string) to the note (B)

5th fret of the B or 2nd string and **tune the open E** (or 1st string) to the note (E)

E or 6th	A or 5th	D or 4th	G or 3rd	B or 2nd	E or 1st	
						Head
						Nut
						1st Fret
						2nd Fret
						3rd Fret
		(B)				4th Fret
(A)	(D)	(G)	(E)			5th Fret

Reading Chord Boxes

Chord boxes are diagrams of the guitar neck viewed head upwards, face on as illustrated. The top horizontal line is the nut, unless a higher fret number is indicated, the others are the frets.

The vertical lines are the strings, starting from E (or 6th) on the left to E (or 1st) on the right.

The black dots indicate where to place your fingers.

Strings marked with an O are played open, not fretted. Strings marked with an X should not be played.

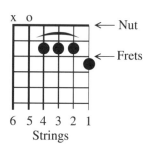

The curved bracket indicates a 'barre' - hold down the strings under the bracket with your first finger, using your other fingers to fret the remaining notes.

192